Tous les gestes du jardin

Bénédicte Boudassou
Émilie Courtat
Marie-Hélène Loaëc

Illustrations d'Aude Le Morzadec

HACHETTE
Pratique

SOMMAIRE

4 > Planter et semer

32 > Entretenir et protéger

60 > Multiplier

74 > Tailler

110 > Fertiliser et soigner

124 > Aménager

142 > Index des gestes

INTRODUCTION

La vie du jardinier est rythmée par des questions qui varient au fil des mois mais reviennent chaque année, à la même époque. Comment tailler les rosiers ? Tuteurer les grimpantes ? Lutter contre les limaces ? Diviser les bulbes ? Aménager un coin à l'ombre ?

Cet ouvrage propose une réponse illustrée aux questions techniques qui font le quotidien du jardin. Chaque geste est introduit par un texte court qui précise le bon moment et les bons outils à avoir sous la main pour opérer en toute facilité. Les différentes étapes sont décrites précisément et toutes accompagnées d'un dessin réaliste très clair. Enfin, les conseils de spécialistes qui jalonnent l'ouvrage apportent une précision sur la technique à utiliser ou un complément d'information adaptée à une plante ou à une situation bien particulière.

À travers plus de 400 images, découvrez toutes les réponses indispensables qui feront de vous un jardinier hors pair.

PLANTER ET SEMER

Préparer la plantation 6
Planter les vivaces 7
Planter les annuelles 8
Planter des arbustes achetés en conteneur 9
Planter des arbustes à racines nues 10
Planter des rosiers à racines nues 11
Planter serré et éclaircir 12
Planter en ligne 13
Planter en quinconce 14
Planter des bulbes dans un pot 15
Planter les grimpantes 16
Planter les haies 17
Naturaliser les bulbes 18
Planter sur un dallage 19
Planter sur un muret 20
Planter dans l'eau 21
Planter dahlias et cannas 22
Planter les lis des Incas 23
Planter les iris 24
Planter rhododendrons et azalées 25
Bien semer 26
Semer dans les massifs et les bordures 27
Semer en place 28
Semer sous abri 29
Pincer et transplanter les pousses 30
Transplanter un arbuste 31

> Préparer la plantation

Bien préparer les trous de plantation et le sol facilitera la reprise des végétaux. Si on ameublit correctement la terre, les racines pourront tout de suite puiser les éléments nutritifs et l'eau du sol. Complétez cette préparation par un apport d'engrais organique, la reprise sera plus rapide. Veillez enfin à humidifier les racines avant la plantation, dans un seau plein d'eau ou par pralinage.

1 Creusez un trou, large de deux fois l'envergure des racines nues (ou de deux à trois fois le diamètre de la motte) et profond d'une fois et demie leur hauteur avant qu'elles ne soient taillées.

2 Avec une fourche-bêche ou un plantoir à main, ameublissez les côtés du trou de plantation ainsi que le fond ; la terre sera ainsi moins compacte, et la progression des nouvelles racines plus rapide.

3 Mélangez une pelletée d'engrais organique ou de compost avec une pelletée de terre, puis installez la plante au-dessus. Si elle est en racines nues, placez-la sur un petit monticule de terre.

4 Vous aurez au préalable trempé la motte des plantes achetées en conteneur dans de l'eau, car elle se dessèche vite. Dès que les racines seront bien gonflées, vous pourrez procéder à la plantation.

> Planter les vivaces

Après avoir choisi vos espèces, établissez un plan de plantation. Il est important de calculer exactement la place que prendront vos espèces tapissantes et retombantes. Certaines même se propagent seules à grande vitesse. Pour alléger le coût d'achat, procédez sur deux années, vous vous rendrez mieux compte du développement pris par les plantes dans les conditions dans lesquelles vous les installez.

1 Avant toute chose, vous devez désherber le terrain et le biner. Ensuite, arrosez si le sol est très sec ou, au contraire, attendez que le sol se ressuie après une période de fortes pluies.

2 Creusez vos trous aux endroits souhaités, en prenant soin de respecter la bonne distance entre les plantes, c'est-à-dire l'étalement de chaque espèce. Ameublissez bien le sol.

3 Faites tremper vos plantes (dans leur godet ou leur conteneur) pendant un quart d'heure dans un seau d'eau afin de regonfler les mottes et d'humidifier les racines. Sortez-les ensuite.

4 Placez les plantes dans leurs trous respectifs, rebouchez et tassez avec le pied ou avec la main selon la grosseur du sujet. Arrosez copieusement pour que la terre se mette bien en place.

> Planter les annuelles

Achetez vos annuelles en godets et plantez-les directement en place, cela vous simplifiera grandement le travail. De plus, vous vous rendrez mieux compte de l'effet qu'elles vont apporter dans massifs et bordures. Si vous avez trop serré les petits plants et qu'ils se gênent mutuellement en grandissant, vous devrez éclaircir (enlever un plant sur trois) quelques semaines plus tard, pour leur garantir une meilleure croissance.

1 Désherbez et griffez le sol quinze jours avant la plantation, puis arrosez. Les graines des mauvaises herbes vont lever, et vous pourrez désherber à nouveau juste avant la plantation.

2 Faites tremper les godets dans une cuvette ou dans un seau d'eau pour bien humidifier les mottes. Vous les sortirez de l'eau quand les bulles d'air auront fini de remonter à la surface.

3 Creusez les trous (en respectant les distances de plantation). Retournez chaque godet dans votre main, doigts écartés pour retenir la motte, et sortez la plante en appuyant sur le fond.

4 Placez les plantes dans leur trou à la bonne hauteur, le collet au niveau de la surface du sol. Rebouchez et tassez légèrement, puis égalisez le sol avec un râteau et arrosez en pluie fine.

> Planter les arbustes achetés en conteneur

Plantez rapidement les arbustes après leur achat car, s'ils ont été élevés en pépinière, ils manquent souvent de terre dans leur pot et ont parfois souffert de sécheresse. Si le temps est trop froid ou pluvieux, groupez-les dehors, à l'abri du vent, et plantez-les dès que possible. Par temps sec, arrosez-les copieusement la veille.

1 Creusez un trou environ deux fois plus large que le diamètre du conteneur. Ameublissez bien les côtés et le fond du trou, et mélangez une pelletée d'engrais de fond ou de terreau à la terre.

2 Faites tremper l'arbuste dans de l'eau durant une heure. Si les racines sont en chignon, donnez quelques coups de sécateur sur les côtés et en dessous pour aérer et permettre de nouvelles pousses.

3 Dépotez la motte, en penchant toute la plante mais en restant près du sol pour éviter que la motte ne se casse. Si le pot est trop collé, coupez-le avec un sécateur sur un ou plusieurs côtés et faites glisser la motte en dehors.

4 Pour disposer correctement la plante, aidez-vous d'un bâton que vous poserez en travers du trou : le haut de la motte doit toucher ce repère pour être au bon niveau. Rebouchez, tassez avec le pied et arrosez.

> Planter des arbustes à racines nues

En automne et en fin d'hiver, on peut acheter des sujets à racines nues. Il faut les installer sans tarder ou, si le sol est gelé ou trop détrempé, les mettre en jauge en attendant le moment propice. La jauge est un simple trou dans la terre ; on y pose la plante en biais puis on la recouvre de terre jusqu'au tiers de sa tige principale pour éviter qu'elle ne cherche à s'enraciner tout de suite.

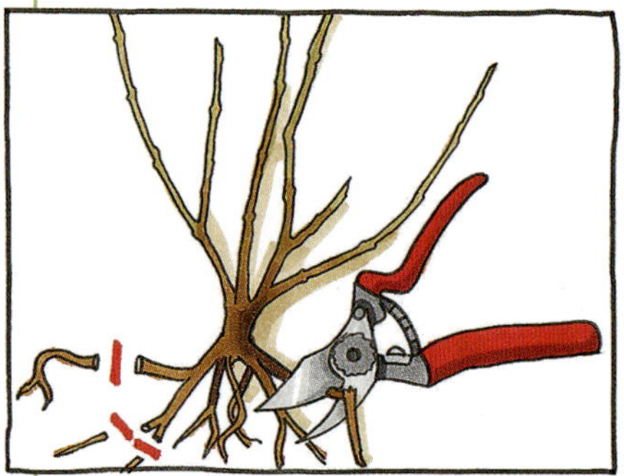

1 Supprimez les racines malades, taillez celles qui sont abîmées et coupez toutes les autres d'un tiers environ de leur longueur. Cela leur permettra d'émettre des radicelles, qui puiseront plus vite les éléments dans le sol.

2 Les racines doivent être plongées dans une boue de pralinage (terre et eau, éventuellement additionnées d'hormones d'enracinement) avant la plantation. Elles seront ainsi déjà enrobées de terre, et ne sécheront pas.

3 Placez la plante dans le trou à la bonne hauteur (collet au niveau de la surface du sol) et étalez les racines sur un petit monticule de terre que vous aurez formé au fond.

4 Après avoir rebouché le trou de plantation, tassez la terre de surface pour éviter les poches d'air, puis arrosez copieusement. Arrosez régulièrement pendant le mois de reprise.

> Planter des rosiers à racines nues

Beaucoup de rosiers se vendent à racines nues, que ce soit en pépinière ou par correspondance. Si vous avez reçu les plants par colis, vérifiez leur état au déballage : ils ne doivent présenter aucune trace de pourriture ou de sécheresse, ni être cassés ou trop courts. Gardez bien les racines humides et replantez sans tarder. Si le temps ne permet pas de les planter rapidement, mettez-les en jauge durant quelques jours.

1 Enlevez les racines abîmées. Retaillez les autres d'un tiers si elles sont déjà courtes, sinon de deux tiers. Retaillez aussi les branches trop longues et coupez le bois sec.

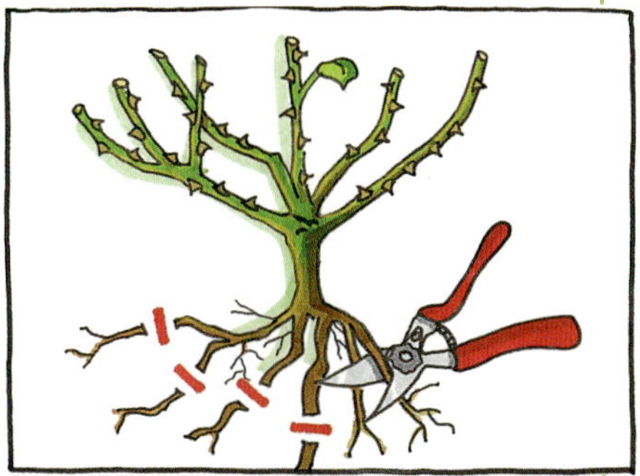

2 Plongez les racines dans un mélange de terre et d'eau (deux tiers-un tiers), que vous pouvez améliorer avec des hormones d'enracinement. Enrobées de cette boue, les racines repousseront vite.

3 Installez le rosier : placez les racines en les étalant bien tout autour d'un monticule de terre, préalablement établi au fond. Le point de greffe doit se situer juste sous la surface du sol.

4 Rebouchez, avec la terre sortie et additionnée de terreau. Tassez et arrosez. Attachez de façon lâche les branches au support pour commencer à les guider. Fixez mieux une semaine plus tard.

> Planter serré et éclaircir

Pour que vos vivaces rendent un bel effet dès leur plantation, deux solutions s'offrent à vous : acheter de grosses touffes déjà âgées, ou planter serré. Cette dernière solution est la meilleure car les végétaux jeunes ont une reprise plus rapide ; vous pourrez ensuite enlever les plantes en surnombre, et les utiliser pour aménager d'autres massifs. En général, cet éclaircissage intervient l'année suivante, quand les touffes ont pris suffisamment d'ampleur. Plantez de préférence en automne pour que les végétaux aient le temps de bien s'installer ; ils pousseront plus vite au printemps. Protégez-les du froid en hiver — surtout les très jeunes plants —, en les couvrant d'un tapis de feuilles (pour les caducs) ou d'un voile de forçage (pour les persistants).

1 Réduisez les distances de plantation (tous les 30 centimètres au lieu de 40 centimètres, par exemple), ou respectez les distances recommandées sur l'étiquette et complétez avec d'autres pieds, installés en quinconce.

2 Pour éclaircir votre massif, enlevez les plantes qui vous semblent le moins développées et celles qui débordent trop. Attendez l'automne pour intervenir sur les caduques, et le tout début du printemps pour les persistantes.

Cette pratique de la plantation serrée convient pour les plantes vivaces et pour les petits arbustes. Pour les grands arbustes de haies et les arbres, en revanche, vous devez respecter les distances recommandées car les ramures ont besoin de rester aérées pour s'étaler et se développer harmonieusement. Laissez également les distances légales entre votre clôture et la haie (au moins 2 mètres) ou entre vos arbres et la limite de votre jardin (au moins 5 mètres) pour éviter que les branches ne dépassent chez le voisin ou dans la rue.

> Planter en ligne

La plantation en ligne est le moyen d'obtenir rapidement une haie ordonnée. Choisissez des arbustes de port régulier, comme le troène ou l'if, qui s'adaptent bien à cette utilisation. Ne collez pas la haie à la clôture, et respectez les bons écartements entre les plantes : 40 cm pour les haies de bordure ; 70 cm pour les petites haies ; 1 m pour les haies moyennes et hautes ; jusqu'à 1,5 m pour les haies libres.

1 Mesurez au sol l'emplacement de votre future haie et plantez des piquets de repère à chaque bout. Tendez ensuite des cordeaux entre les piquets, et suivez cette trame pour planter.

2 Les cordeaux doivent être espacés de 40 à 50 cm. Creusez une tranchée tout du long, en mettant du même côté la terre sortie. Vous vous placerez de l'autre côté pour planter.

3 Disposez les plants à égale distance les uns des autres tout le long de la tranchée pour repérer la place qu'ils prennent. Vous verrez ainsi si vous avez prévu le bon nombre de sujets.

4 Plantez chacun des arbustes, en rebouchant au fur et à mesure la tranchée autour d'eux avec la terre mise de côté. Vous tasserez à la fin, quand tous les arbustes seront en place.

> Planter en quinconce

Les haies épaisses protègent mieux du vent et du bruit que les haies fines ; elles arrêtent aussi davantage les émanations dues à la pollution. Si vous les plantez en quinconce, c'est-à-dire sur deux rangs au minimum, vous pourrez plus facilement mélanger les espèces ; de plus, votre haie sera plus étoffée que si elle n'était constituée que d'un seul rang d'arbustes. Si vous avez la place, préférez ce style de haie, qui laisse les plantes se développer harmonieusement. Pour arrondir les coins de mur et de clôture, ou remplir un espace peu utilisé, vous pouvez même planter sur trois rangs, voire plus, avec des arbustes de hauteurs différentes.

1 Disposez les plantes sur deux lignes parallèles. Les arbustes de la seconde ligne seront décalés par rapport à ceux de la première. L'espace laissé entre les plantes doit être plus important sur une même ligne qu'entre deux : si les plants d'une ligne sont espacés de 1 m, laissez 80 cm entre les lignes.

2 Modifiez les emplacements jusqu'à ce que vous soyez satisfait. Les plus hautes plantes sont en général placées sur l'arrière ; alternez moyennes et basses sur la ligne avant. Avec une seule espèce, la plantation sera régulière. Creusez un trou pour chaque arbuste, et plantez au fur et à mesure.

Renseignez-vous sur la place qu'occuperont vos plantes devenues adultes, cela vous indiquera les écartements à respecter au moment de la plantation. Une fois la taille de formation effectuée, vous n'aurez plus à intervenir si les ramures sont suffisamment aérées : elles se juxtaposeront les unes aux autres sans se gêner. Si, en revanche, elles sont trop serrées, vous devrez tailler sévèrement chaque année. Comptez 1,5 m au minimum entre les grands arbustes sur la longueur de la haie, et 1 m entre les deux lignes de plantation.

> Planter des bulbes dans un pot

Tous les bulbes peuvent être cultivés en pot : il suffit de choisir ce dernier en fonction du volume de terre nécessaire au bon développement des plantes. Celles-ci peuvent, bien sûr, être associées à d'autres plantes, annuelles ou vivaces. Un terreau pour plantes à massifs, léger et assez aéré, sera bien adapté à leurs besoins (évitez de toute façon les terres trop lourdes). Des trous au fond du pot et une couche de drainage sont indispensables.

1 Les espèces basses et moyennes sont les mieux adaptées à une culture en pot, mais veillez à toujours choisir des bulbes de gros calibre, surtout s'ils doivent assurer seuls le décor.

2 Plantez vos bulbes en nombre suffisant pour obtenir un bel effet de masse. Si vous mélangez plusieurs variétés, mettez-en au moins trois de chaque sorte et disposez-les en quinconce.

3 Vous pouvez mélanger plusieurs genres de bulbes dans un même conteneur, en disposant chacun à la profondeur qui lui convient : les plus petits vers le haut, les plus gros au fond.

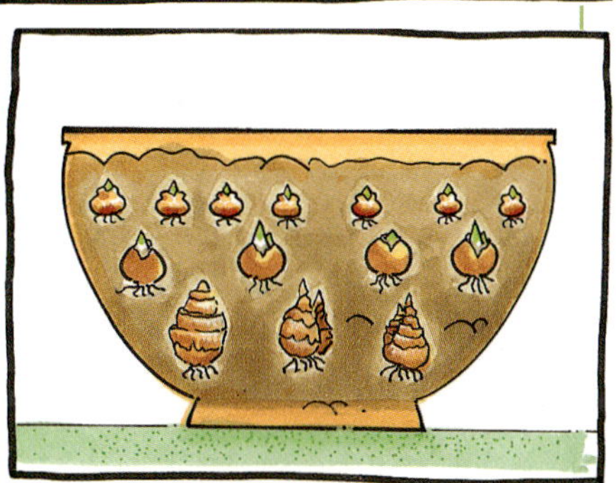

4 Plantez des primevères ou des pensées dans le même pot pour assurer le décor en attendant la pousse des bulbes. Installez d'abord les plantes, puis enfoncez les bulbes entre elles.

> Planter les grimpantes

Pour pouvoir couvrir murs, pergolas ou clôtures, les grimpantes doivent bénéficier d'une bonne terre, d'une humidité suffisante et d'un support solide si elles ne s'accrochent pas seules par leurs ventouses. Plantez-les à 30-40 cm du mur, et veillez à ce qu'elles ne se trouvent pas sous un rebord de toit trop large. S'il y a un remblai caillouteux au pied du mur, ajoutez de la terre et épandez du compost tous les ans.

1 Préparez le terrain en le nettoyant de toutes les mauvaises herbes et creusez un trou deux fois plus large que la motte de la plante. Ameublissez les côtés et le fond du trou.

2 Disposez la plante dans le trou en la calant en biais à 45 degrés sur un monticule de terre. Étalez les racines d'un seul côté et veillez à ce que le collet se trouve au niveau du sol.

3 Rebouchez, en ajoutant une pelletée de terreau mélangée à la terre. Tassez à la main, puis arrosez copieusement. Pour la clématite, placez une tuile sur le pied pour le protéger du soleil.

4 Orientez les branches principales vers le support et attachez-les très souplement, en les écartant les unes des autres. Si elles sont courtes, conduisez-les sur un tuteur.

> Planter les haies

Choisissez, parmi des espèces qui poussent vite, celles qui sont adaptées à votre région. Elles supporteront mieux les intempéries, et leur croissance se fera naturellement. Mélangez un tiers d'arbustes persistants pour deux tiers d'arbustes caducs à fleurs : vous serez mieux protégés l'hiver, et profiterez des floraisons l'été. Vous avez le choix entre une disposition en ligne et une disposition en quinconce, selon l'épaisseur désirée et le recul possible. Pensez qu'une haie, du point de vue légal, ne doit pas dépasser 2 mètres de hauteur quand elle sert de limite au jardin. Si vous voulez qu'elle soit plus haute, vous devrez l'installer à 2 mètres de la clôture.

1 La plantation en ligne s'effectue facilement avec un cordeau tendu entre deux piquets. Plantez ensuite les arbustes à égale distance les uns des autres. Pour une longue haie, creusez une tranchée et rangez-y tous les arbustes.

2 Une disposition en quinconce donnera un aspect plus fourni à une haie. Plantez en ligne les premiers arbustes (de 0,6 à 1,5 mètre les uns des autres, selon leur espèce), puis placez les autres sur une ligne parallèle, en les intercalant.

Grâce à leurs racines puissantes, les végétaux de haie tirent à eux l'eau et les éléments nutritifs du sol, ce qui entraîne le dépérissement des massifs de fleurs plantés à leur pied. De plus, ils créent des zones d'ombre durant une bonne partie de la journée. Dans les grands jardins, installez au pied de la haie de petits arbustes sans exigences, qui constitueront le fond de votre massif de vivaces et d'annuelles. Dans les petits jardins, gardez la pelouse jusqu'au pied de la haie si elle est exposée au sud, placez des plantes couvre-sol à toute épreuve à son pied, ou bordez-la d'un chemin qui permettra de l'entretenir facilement.

> Naturaliser les bulbes

Sous les arbres, dans les prairies et les grands jardins, il est intéressant de planter des bulbes qui, une fois en place, se propageront seuls et réapparaîtront chaque année sans que vous ayez besoin d'intervenir. Ils retournent ainsi à l'état sauvage : c'est ce que l'on appelle la « naturalisation ». Dans les petits jardins, en revanche, multipliez vous-même vos bulbes pour garder le contrôle des massifs, et plantez-les si possible dans un tapis de vivaces couvre-sol pour cacher les feuillages qui sèchent après la floraison.

1 Placez de 5 à 15 bulbes dans chaque poquet (trou plat et large), sans qu'ils se touchent et sur une petite couche de sable pour faciliter le drainage. Recouvrez ensuite de terre fine et arrosez. Piquez un tuteur avec une étiquette pour repérer l'endroit si vous installez des plantes couvre-sol à côté.

2 Pour naturaliser des petits bulbes sur une pelouse, piquez le sol avec une fourche à plusieurs endroits et élargissez les trous par un mouvement d'avant en arrière. Remplissez avec un peu de sable grossier, calez-y les bulbes à une profondeur de deux fois leur hauteur et rebouchez avec de la terre fine.

Sur les bulbes à oignon, le plus simple est de séparer les bulbilles qui se développent naturellement autour du bulbe principal. C'est le cas du muscari, que vous multiplierez en automne. Les cyclamens, qui produisent des touffes serrées et de très fines racines, se divisent comme les plantes vivaces, c'est-à-dire à la main. Si vous récoltez les graines en juin, semez-les à la volée sur les grandes superficies (ils fleuriront en deux ans).
Vous propagerez l'arum d'Italie, quand son feuillage sera fané, en séparant les rejets apparus sur les tubercules ; coupez-les avec un couteau et replantez-les aussitôt.

> Planter sur un dallage

Au lieu de laisser vos allées à la merci des graines sauvages, que vous aurez du mal à contrôler, installez des plantes tapissantes entre les dalles. Choisissez des espèces peu exigeantes, comme le thym, la sagine ou le géranium nain vivace. Sur des allées cimentées, aucun aménagement n'est possible sans casser l'existant ; tout est possible, en revanche, avec un dallage posé sur du sable et dont les joints ne sont pas cimentés. Si le soubassement est en graviers compactés ou comprend un feutre, contentez-vous de plantes très frugales pour ne pas avoir à creuser jusqu'à la terre.

1 Ménagez un espace de 2,5 centimètres entre deux dalles (si les dalles sont grandes, vous pouvez laisser jusqu'à 10 centimètres). Ne cimentez pas les joints, mais remplissez-les de sable grossier et de terre là où vous installerez graines ou jeunes plants. Tassez et arrosez.

2 Sur un dallage existant, enlevez des pavés, des pierres ou des dalles, sur les côtés et au milieu, pour animer le chemin. Remplissez de terre mêlée à du sable (deux tiers-un tiers), et plantez des sujets en godets déjà forts. Tassez et arrosez jusqu'à la reprise.

Si vous voulez agrémenter votre terrasse de plantes sans avoir à transporter des pots et à rempoter, plantez directement dans la terre après avoir supprimé quelques dalles. Procédez de la même façon que pour une allée, mais en créant des poches de plantation plus importantes, plutôt le long des murs pour installer des grimpantes, et sur les côtés de la terrasse si celle-ci est de petite taille. Comptez au minimum 40 X 60 centimètres pour une grimpante, et de 20 à 30 centimètres de côté pour un couvre-sol. Remplissez uniquement de terre de jardin, que vous enrichirez régulièrement avec de l'engrais organique.

> Planter sur un muret

Recouvrez vos vieux murets de pierre sèche avec des plantes couvrantes. Beaucoup d'espèces ne demandent que très peu de terre pour s'installer, et finissent même par stabiliser les pierres. Contentez-vous ensuite de les tailler quand elles deviennent trop volumineuses ou se dégarnissent du centre. Si le muret retient un niveau de terre, plantez plutôt derrière pour que les plantes retombent par-dessus.

1 Remplissez quelques gros interstices avec un mélange de terre et de terreau. Vous pouvez aussi profiter des débris végétaux déjà en place, auxquels vous ajouterez de la terre.

2 Arrosez, puis semez des graines ou plantez des espèces en godets. Remettez un peu de terre par-dessus. Gardez humide le temps de la reprise, et arrosez seulement par temps très sec.

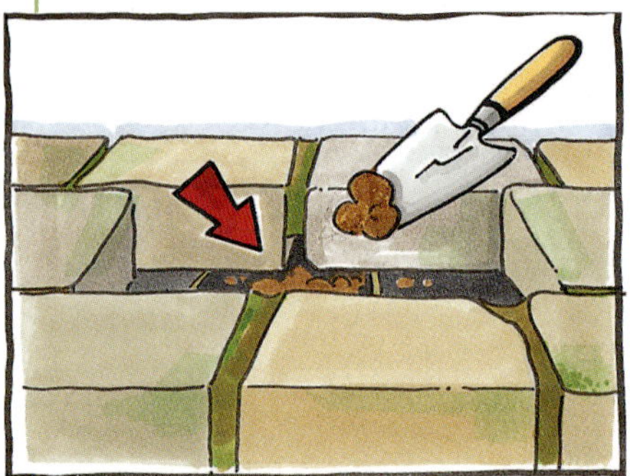

3 Sur le dessus du muret, aménagez une fausse jardinière en enlevant quelques pierres ou, au contraire, en les cimentant entre elles. Laissez des orifices pour l'écoulement de l'eau.

4 Sur un niveau en terrasse, les plantes retombantes assez imposantes, comme le jasmin d'hiver, seront idéalement placées en pleine terre derrière le muret pour couvrir ce dernier.

> Planter dans l'eau

Chaque espèce de végétal aquatique a ses besoins : certains se plaisent juste sous la surface de l'eau, d'autres préfèrent être au fond. Dans votre bassin, vous pouvez ménager différents niveaux pour respecter les profondeurs d'immersion indiquées pour chaque plante. Si vous utilisez des paniers spécifiques vendus pour la plantation dans l'eau, vous pourrez facilement les retirer pendant l'hiver pour mettre vos végétaux hors gel.

1 Lestez les paniers de plantation avec des galets, de gros cailloux ou des pierres plates. Ils seront plus stables, surtout si vous installez un jet ou une cascade créant un courant dans l'eau.

2 Ajoutez une couche de terre sur les galets, installez votre plante, puis comblez avec de la terre et disposez des graviers par-dessus pour la maintenir en place. Tassez et immergez doucement.

3 Dans un bassin créé à l'aide d'une bâche et creusé dans le sol, on aménage plusieurs niveaux en gardant différentes hauteurs de fond. Calez la bâche dessus avec des pierres lourdes.

4 Dans un bassin à fond plat, posez vos plantes sur des briques, que vous empilerez pour atteindre la hauteur désirée. Si le bassin est peu profond, remplacez-les par des pierres plates.

> Planter dahlias et cannas

Les tubercules (ou « patates ») de dahlias et de cannas doivent être plantés en avril ou en mai, car il faut attendre que la terre soit suffisamment réchauffée et que tout risque de gelée soit passé. Couvrez vos plantations de cloches transparentes : vous gagnerez deux semaines.

1 Ameublissez profondément le terrain à la fourche-bêche, tout en enfouissant du compost. Creusez des trous individuels de 15 cm de profondeur, tous les 50 cm à 1 m selon la variété choisie.

2 Placez un tuteur dans chacun des trous. Les tuteurs doivent toujours être installés en premier, avant les tubercules, afin de ne pas risquer d'endommager ces derniers par la suite.

3 Posez délicatement la souche tubéreuse dans le trou. Les bourgeons naissants devront être recouverts de 3 cm de terre au maximum. Rebouchez les trous à la main et tassez délicatement, puis arrosez abondamment.

Attachez les plantes à leur tuteur, avec du raphia ou des liens en plastique, au fur et à mesure de leur développement. Relever une tige couchée ou tordue ne donne jamais un joli résultat, sans compter le risque de casse.

> Planter les lis des Incas

La star capricieuse qu'est le lis des Incas, ou alstroemeria, réclame une plantation soignée. Prenez le temps de choisir l'emplacement qui lui plaira : mi-ombre (soleil filtré par les arbres par exemple), à l'abri des vents froids. Opérez entre la mi-mars et la mi-avril, en veillant à ne pas casser les racines charnues, très fragiles.

1 Ameublissez le plus profondément possible l'endroit choisi pour la plantation. Creusez des trous individuels d'une vingtaine de centimètres, espacés les uns des autres de 50 cm environ.

2 Déposez au fond un lit de graviers, puis un « matelas » constitué pour un tiers de sable, pour un tiers de riche terreau et pour le dernier tiers de tourbe mêlée à un peu de compost.

3 Posez délicatement les souches charnues (encore dépourvues de tiges) sur ce doux matelas, à une profondeur de 12 à 15 cm. Rebouchez les trous avec le même mélange, en faisant bien attention de ne pas tasser.

Protégez les jeunes pousses contre les limaces.
Ces dernières, très friandes des bourgeons de ce lis, pourraient vous laisser croire que vous avez raté votre plantation, rien n'apparaissant au-dessus du sol !

> Planter les iris

L'été est le moment d'acheter les iris des jardins, à l'état de rhizomes « secs » (sans terre), et de les planter. C'est en effet à cette période, après la floraison, qu'ils sont en repos végétatif. En septembre ou au printemps, vous trouverez des godets d'iris parmi les plantes vivaces du commerce, mais ils sont plus coûteux que les rhizomes « secs » et le choix de variétés est beaucoup plus restreint.

1 Ameublissez profondément le terrain à la fourche-bêche pour faciliter l'écoulement de l'eau.

2 Extirpez toutes les mauvaises herbes. Une fois leurs racines entremêlées avec le rhizome, chiendent et bouton-d'or deviennent en effet indélogeables.

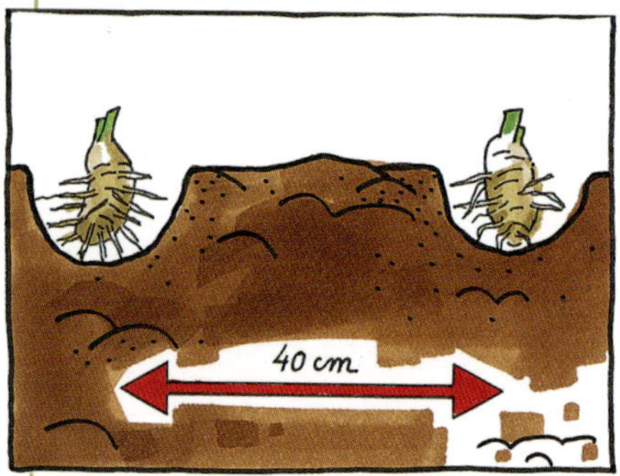

3 Installez un rhizome tous les 40 centimètres. Attention à la profondeur de plantation : le tiers supérieur du rhizome doit rester apparent.

4 Rebouchez après avoir bien étalé les racines, tassez légèrement autour du rhizome et arrosez abondamment, en pluie.

> Planter rhododendrons et azalées

Arbustes dits « de terre de bruyère », les rhododendrons et les azalées (qui sont de très proches parents) n'aiment que les sols acides, c'est-à-dire dont le pH est inférieur à 6. Autrement dit, ils ne supportent pas les terrains calcaires et boudent les terres neutres. Par ailleurs, ils sont toujours vendus dans leur conteneur de culture.

1 Creusez un trou de 50 cm de profondeur et de diamètre, voire même d'un peu plus si vous le pouvez. Si le fond du trou est rocheux, cassez-le grossièrement à coups de pioche.

2 Mélangez la terre d'origine avec un demi-seau de compost et un seau de terre de bruyère véritable. Si votre terre est un peu grasse, ajoutez du sable. Démêlez les racines si besoin est.

3 Installez la plante de façon que son collet, c'est-à-dire la limite entre les racines et le « tronc », se trouve juste à la surface du sol, ni enterré ni « flottant ». Rebouchez et tassez sur les côtés de la motte.

4 Disposez autour du pied, et sur 5 cm d'épaisseur, un matelas d'aiguilles de pin. Si vous n'en trouvez pas, mettez des écorces de pin. Si votre terre est très acide, un matelas de feuilles mortes sera encore mieux.

> Bien semer

Semer est bien souvent la meilleure méthode pour installer, dans les massifs mixtes, les plantes annuelles dotées d'une croissance très rapide ainsi que les vivaces se multipliant facilement par semis. Procédez lorsque les premières touffes sont installées au jardin, soit en récoltant les graines de vos propres plantes, soit en les achetant. Dans ce dernier cas, choisissez des sachets en bon état, qui vous semblent ne pas avoir souffert de l'humidité ou n'être pas trop vieux. Effectuez vos semis en place dans le jardin, c'est-à-dire directement dans les massifs plutôt que sous des châssis : cela vous demandera beaucoup moins de temps et de manipulations. Deux techniques sont possibles.

1 Creusez de fins sillons dans la terre de votre massif à l'aide d'une binette, et déposez-y les graines à distance régulière les unes des autres. Recouvrez de terre et arrosez. Cette technique convient aussi aux fines plates-bandes situées le long des allées.

2 Creusez des trous larges et peu profonds dans vos massifs pour semer en poquets. Cela permet d'installer les plantes de façon moins géométrique, et de les grouper parmi d'autres espèces. Posez de trois à cinq graines dans chaque trou, recouvrez et arrosez.

Quand on veut semer rapidement dans un grand espace, dans une plate-bande importante ou dans une prairie, le semis à la volée est tout indiqué. Les graines des annuelles sauvages germent facilement. Prenez seulement soin de répartir régulièrement les graines dans toute la superficie du terrain, et de ne pas semer trop densément dans les plates-bandes. Vous n'êtes pas obligé d'enfoncer les graines en terre, mais vous devrez néanmoins les recouvrir d'une couche de terreau pour éviter que les oiseaux n'en fassent un festin. Arrosez en pluie et maintenez humide jusqu'à la levée.

> Semer dans les massifs et les bordures

Il est parfois intéressant de semer des graines, surtout dans les grandes plates-bandes, les bordures longues et les massifs mélangés. Non seulement cela coûte moins cher que d'installer des plants en godets, mais cette technique permet aussi de répartir les plantes plus finement. Achetez des sachets en bon état, sans traces de dommages causés par l'humidité, et faites attention à la date de péremption indiquée sur l'emballage : sachez que plus les graines sont fraîches, mieux elles germeront.

1 Désherbez, ameublissez le terrain avec une fourche et ratissez. Ensuite, semez à la volée pour une répartition uniforme, ou placez quelques graines dans des poquets (trous plats et larges) pour créer des taches de couleur. Épandez une fine couche de terreau par-dessus, et arrosez en pluie très fine.

2 Pour des semis en ligne, creusez des sillons avec le manche de votre râteau et disposez les graines dans les sillons en les espaçant régulièrement. Ramenez la terre par-dessus, tassez avec le râteau et arrosez en pluie fine. Sur les bordures, par exemple entre une pelouse et un massif, semez plus serré.

Sous les frondes se développent de minuscules sacs contenant des spores. Pour recueillir ces dernières, coupez la fronde porteuse quand les sacs sont bien gonflés et mettez-la dans un sac en papier. Semez les spores à la surface d'un pot rempli de terreau fin et humide, puis couvrez avec une plaque en verre ou un film alimentaire. Vaporisez de l'eau deux fois par semaine. Quand la surface est recouverte de mousse, prélevez des morceaux de celle-ci et plantez chacun d'eux dans un autre pot. Quand les frondes apparaissent, éclaircissez de nouveau et repiquez au jardin. Cette multiplication facile intéressera aussi les enfants.

> Semer en place

Enterrer des graines à l'emplacement où vous souhaitez voir fleurir les plantes est la meilleure solution pour les pavots de Californie, les nigelles de Damas et les myosotis, qui supportent mal d'être déplacés. Rapide et peu contraignant, ce semis demande tout de même une certaine surveillance car mauvaises herbes et plantes adultes voisines ne demandent qu'à étouffer leurs compagnes trop jeunes pour se défendre !

1 Ameublissez bien la terre du massif avec une fourche à bêcher. Inutile de retourner le sol, mais remuez-le bien en plantant l'outil tous les 10 à 15 centimètres.

2 Émiettez et égalisez la terre à l'aide d'un râteau ou d'un croc (pour les terres compactes). Il ne doit plus rester aucune motte.

3 Dispersez les graines le plus régulièrement possible en les lançant par pincées selon le geste bien connu du semeur. Veillez surtout à ne pas les laisser en tas.

4 Tassez avec le dos du râteau, ce qui aura pour effet d'enfouir suffisamment les graines fines. Arrosez en pluie fine avec la pomme de l'arrosoir ou le jet réglé très doux.

> Semer sous abri

Certaines fleurs d'été (cosmos, gazanias, pervenches de Madagascar, roses d'Inde ou zinnias) ne supportent pas de se trouver dehors avant le 15 mai, surtout dans les régions habituées aux gels tardifs. Par ailleurs, leur croissance est plus lente que celle d'autres annuelles. Il faut compter de douze à quinze semaines entre le semis et la floraison, et chaleur et lumière sont nécessaires à leur développement. On sème donc ces frileuses dès fin mars au chaud, en appartement ou dans la véranda.

1 Pour semer sous abri, vous aurez besoin d'une miniserre, constituée d'une plaque percée d'alvéoles individuels et d'un couvercle transparent.

2 Remplissez les alvéoles avec un terreau « spécial semis ». Ce dernier est de texture légère, sans grumeaux. Disposez trois graines dans chaque alvéole.

3 Recouvrez d'à peine 0,5 cm de terreau (1 cm dans le cas des zinnias). Tassez avec une petite planchette de bois et arrosez ensuite très finement, avec une « mouillette » à linge par exemple.

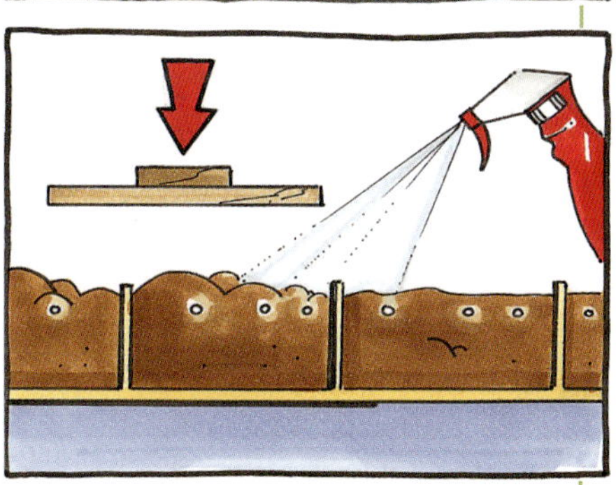

4 Fermez le couvercle de la miniserre. Essuyez tous les jours la condensation pour éviter les pourritures. Vous rouvrirez définitivement dès que toutes les graines auront germé.

> Pincer et transplanter les pousses

Pincer les extrémités des pousses favorise leur ramification. On obtient ainsi plus de fleurs, sur les annuelles comme le cosmos et sur bon nombre de vivaces. Après un semis, il faut éclaircir les plantules : éliminez-en une sur trois à la base en la pinçant, ou transplantez avec précaution celles que vous voulez utiliser ailleurs.

1 Prenez l'extrémité des pousses entre le pouce et l'index sur une longueur de 2 à 5 centimètres, et pincez pour couper. Procédez quand les plantes sont au premier tiers de leur taille définitive.

2 La plante va émettre sous la coupe deux nouvelles pousses, qui prendront naissance à l'aisselle des feuilles ou au nœud suivant. Ces pousses permettront de multiplier le nombre de fleurs.

3 Si vous choisissez de transplanter les plants en surnombre, creusez avec précaution pour les dégager avec leur motte afin de garder les racines intactes. Si les plants sont trop serrés, n'hésitez-pas à en éliminez quelques-uns.

4 Soulevez l'ensemble (plantule et motte) avec un plantoir à main, en maintenant la tige de la main mais sans tirer dessus ni lui laisser soutenir la motte, car le poids de la terre pourrait la casser. Replantez aussitôt ailleurs.

> Transplanter un arbuste

Cette opération comporte toujours un risque de dépérissement pour le sujet transplanté, surtout quand il est âgé. Mais, en prenant des précautions et une motte suffisante, la reprise se fera bien. Comptez de un à deux ans pour que la plante se réinstalle et fleurisse de nouveau abondamment. Pour les gros sujets, creusez la tranchée en deux fois : la première moitié un an avant la transplantation, et la seconde six mois avant.

1 Repérez l'aplomb de la ramure et creusez une tranchée à cet endroit, tout autour de l'arbuste, un mois avant la transplantation. Soulevez la motte ainsi dégagée avec une pelle-bêche.

2 Passez ensuite une bâche sous la motte. Repliez la bâche en la serrant le plus possible pour qu'elle soit solidaire de la motte, puis fixez solidement au tronc de l'arbuste.

3 Insérez une planche entre la motte et le bord du trou. Faites glisser la motte dessus pour la sortir du trou et transportez l'arbuste ainsi emmailloté, en veillant à ne pas le cogner.

4 Positionnez l'arbuste dans le nouveau trou de plantation, effectué à l'avance. Enlevez la bâche avec précaution en la tirant sur un côté, rebouchez aussitôt et arrosez copieusement.

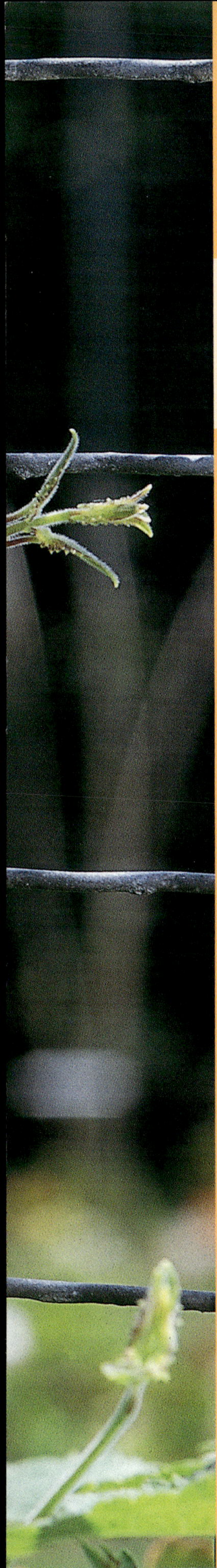

ENTRETENIR ET PROTÉGER

Couper les fleurs fanées 34
Supprimer les gourmands 35
Désherber les massifs 36
Nettoyer à la fin de l'hiver 37
Nettoyer les arbustes 38
Nettoyer les massifs en végétation 39
Nettoyer le chèvrefeuille 40
Installer des tuteurs 41
Le meilleur support pour les grimpantes 42
Un bon palissage 43
Soutenir les plantes hautes 44
Éclaircir les plantes trop serrées 45
Gérer les semis spontanés 46
Installer une barrière antiracinaire 47
Rabattre les vivaces 48
Rabattre lierre et vigne-vierge 49
Éviter les courants d'air 50
Rempoter les plantes 51
Repiquer les plantes en godets 52
Bien arroser les plantes 53
Arroser les plantes à fleurs 54
Limiter l'arrosage 55
Assurer un bon drainage 56
Conserver les bulbes d'une année sur l'autre 57
Protéger des rigueurs du froid 58
Protéger les plantes du gel 59

> Couper les fleurs fanées

Rien n'est plus joli qu'un jardin rempli de fleurs, mais ces dernières donnent un aspect négligé aux massifs lorsqu'elles sont fanées. Il est donc important de les couper, surtout quand cette opération a pour conséquence une remontée, c'est-à-dire une seconde floraison. Chez les plantes vivaces dressées, comme la nepeta, coupez une partie des hampes avant qu'elles ne fanent pour échelonner l'épanouissement de la remontée.

1 Sur les rosiers à grandes fleurs uniques sur leur tige, coupez en dessous de la deuxième paire de feuilles et juste au-dessus de la troisième pour permettre à une nouvelle pousse de sortir.

2 Coupez les premières fleurs fanées des roses en bouquets juste en dessous de la corolle. Quand le bouquet entier est fané, procédez comme sur les rosiers uniflores.

3 Dans un massif de bordure, taillez la moitié des touffes juste avant la défloraison, et attendez que l'autre moitié soit fanée pour la couper. Vous aurez ainsi plusieurs remontées échelonnées.

4 Coupez à la base les longues hampes florales des vivaces comme les hémérocalles quand elles sont presque totalement défleuries. Le feuillage, encore vert, demeurera un élément décoratif.

> Supprimer les gourmands

Les gourmands sont des tiges qui poussent plus haut et plus droit que les autres sur les arbustes. Ils tirent à eux la sève, et pourtant sont beaucoup moins productifs en fleurs. Ils peuvent démarrer sous le point de greffe (comme chez les rosiers, par exemple) ou directement sur une autre branche, souvent à l'endroit d'un coude. Ces gourmands sont assimilés aux drageons sur les arbustes comme le lilas. Ceux-ci poussent sur la souche, sous la surface du sol, et sortent en grand nombre tout autour de la plante, ce qui l'affaiblit. Dans tous les cas, supprimez gourmands et drageons, vos arbustes se porteront mieux.

1 Le gourmand donne peu de fleurs et un grand nombre de belles feuilles. Il paraît plus vigoureux que les autres rameaux, mais cela ne doit pas vous retenir : il faut le couper au ras de la tige qui le porte pour que la sève se répartisse mieux dans toute la ramure.

2 Sur les rosiers, les gourmands se développent sous le point de greffe. Creusez la surface jusqu'à trouver leur point d'attache et sectionnez à cet endroit, en biais, en prenant soin de ne pas blesser le tronc. Rebouchez et tassez à nouveau la terre autour du pied.

Pour la bonne santé de vos arbustes, il est utile de supprimer tous les rameaux malades, malingres, mal formés et en surnombre. La silhouette de chaque arbuste sera plus légère et mieux aérée. Cette opération évite toutes sortes de maladies et l'apparition de parasites, lesquels s'attaquent en premier aux plantes affaiblies. C'est aussi pour cette raison que vous devrez tailler avec précaution, sans donner de coups involontaires dans les autres branches, car les maladies se développent rapidement par l'intermédiaire des blessures.

> Désherber les massifs

Certes, il n'y a pas de « mauvaises herbes », il n'y a que des herbes qu'on ne désire pas voir proliférer dans son jardin. Ces plantes sauvages sont quelquefois inesthétiques, mais, surtout, elles concurrencent les plantes cultivées en les privant d'une bonne part d'eau et d'éléments fertilisants, qu'elles détournent à leur profit. Il est donc préférable d'éliminer régulièrement celles que vous ne voulez pas garder, au fur et à mesure de leur apparition.

1 Dans une terre bien ameublie, humide, et lorsque les racines sont superficielles, il est facile d'enlever les herbes indésirables à la main (à main nue ou en se protégeant à l'aide de gants).

2 Glissez sous les plantes à retirer une petite griffe à trois dents et soulevez-les d'un mouvement du poignet. Vous pouvez utiliser une gouge à asperge pour les racines plus profondes.

3 Les petits pulvérisateurs de désherbant prêt à l'emploi permettent de diriger très précisément leur jet sur les feuilles des plantes que l'on veut éliminer, qui meurent alors en quelques jours.

4 Pailler le sol empêche la pousse des mauvaises herbes. Vous pouvez utiliser un film de plastique noir ou une couche épaisse de paillis : écorces de pin, paillettes de lin, coques de cacao, etc.

> Nettoyer à la fin de l'hiver

À partir de fin février, les branches se regarnissent et les floraisons se font de plus en plus nombreuses. On a plaisir à revenir au jardin : c'est le moment de tailler, de nettoyer, de rafraîchir, de nourrir… et de se prémunir des parasites, comme les limaces, qui sortent eux aussi de leur sommeil. Dès que les fortes gelées ne sont plus à craindre, ôtez les protections des plantes et taillez-les, pour leur assurer un port harmonieux et stimuler leur pousse.

1 Enlevez les feuilles mortes et les fleurs fanées qui sont restées sur les arbustes. Si vous le pouvez, brûlez ces débris. Veillez à ce que les branches n'abritent aucun nid de chenilles.

2 Beaucoup d'arbres et d'arbustes se taillent à la fin de l'hiver (rosiers, hibiscus, buddleias, etc.). Supprimez les branches les plus anciennes et les pousses trop longues d'un coup de sécateur.

3 Enlevez à la cisaille les restes gelés ou desséchés des vivaces. Arrachez arbustes morts et tiges florales laissées en place. N'hésitez pas à faire de l'espace pour de nouvelles plantations.

Toutes ces opérations de nettoyage se feront agréablement et de façon saine pour les plantes si vos outils sont propres et bien aiguisés. Si vous les avez négligés avant de les remiser pour l'hiver, c'est le moment d'en prendre soin et de les remettre en bon état.

> Nettoyer les arbustes

Cette opération est la seule que vous devrez absolument effectuer si vous laissez vos plantes se développer seules. Elle évite au jardin de se transformer en amas de broussailles, et assainit autant les ramures que le sol. Enlever les branches en surnombre permet d'aérer les plantes, ce qui provoque de nouvelles pousses, plus vigoureuses. Il vaut mieux nettoyer les arbustes caduques en automne, quand ils entrent en repos végétatif. Pour les persistants, procédez en fin d'été ou attendez la fin de l'hiver.

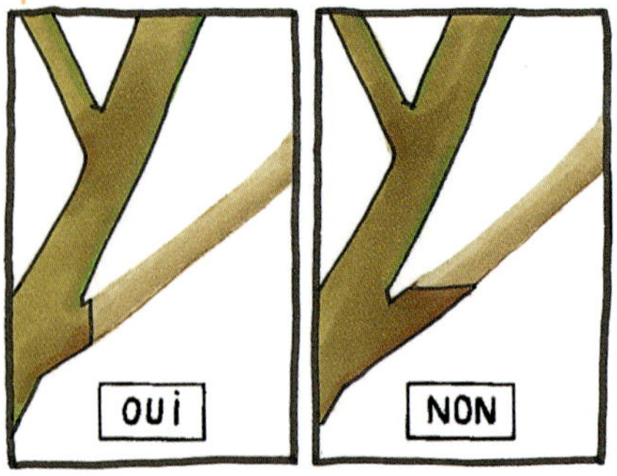

1 Le bois mort et sec doit être coupé au ras du sol ou au ras des tiges principales. Ne laissez surtout pas de moignons, qui risquent d'être dangereux au prochain nettoyage du bois ou des fleurs fanées, ou même à la cueillette des fruits, car on distingue mal ces bouts de branches sèches dans la masse végétale.

2 Enlevez les rameaux malades, chétifs et mal formés, toujours au ras des tiges principales ou de la souche. Coupez bien en biseau pour que l'eau ne s'accumule pas et ne finisse pas par entrer dans la plaie de coupe, ce qui serait la porte ouverte aux maladies cryptogamiques et aux dégâts par le gel.

Dans un jardin où l'on n'intervient peu ou pas du tout sur les haies et les bosquets arbustifs, les plantes acquièrent peu à peu une dynamique les unes par rapport aux autres. Le fait d'en tailler certaines de façon sévère quand elles prennent trop de place peut déséquilibrer l'ensemble, car celles qui ne sont pas taillées auront tendance à étouffer les autres en prenant la place soudain disponible. Préférez un nettoyage régulier chaque année sur toutes les plantes plutôt qu'une opération d'envergure quand le fouillis est trop dense, et attendez la période hivernale pour éviter de déranger trop la petite faune sauvage.

> Nettoyer les massifs en végétation

Un massif propre est non seulement agréable à l'œil, mais aussi plus propice à la bonne végétation des plantes qui le composent. L'entretenir régulièrement est peu astreignant, et permet d'éviter la propagation de parasites et l'apparition de maladies. Enlevez aussi les mauvaises herbes (qui prélèvent une partie de leur eau et de leur nourriture) à la main, avec un couteau à longue lame ou avec une gouge à asperge pour celles qui s'enfoncent profondément.

1 Pendant la saison de végétation, ayez toujours un sécateur en poche pour couper, au fur et à mesure de vos passages, les branches mortes, sèches, trop fines ou qui deviennent encombrantes.

2 Griffez régulièrement le sol autour des arbustes afin d'éviter qu'il ne se compacte. Enlevez régulièrement les mauvaises herbes à la main, à l'aide d'une griffe ou d'une petite houe à main.

3 Enlevez au fur et à mesure les fleurs fanées pour que la plante ne s'épuise pas à former des fruits, et donne de nouvelles fleurs. Ôtez les feuilles mortes, qui peuvent attirer les parasites.

4 Limitez le développement de vos plantes de massifs à l'espace que vous avez prévu. Certaines ont tendance à devenir envahissantes : coupez autour des touffes à l'aide d'une bêche.

> Nettoyer le chèvrefeuille

Cette grimpante développe une forte végétation au fil des ans, qu'il vaut mieux désépaissir de temps à autre pour provoquer de nouveaux rameaux vigoureux et plus florifères. Les tiges « charpentières » sont conservées, car elles finissent par former un véritable tronc qui porte la plante en hauteur. En revanche, si vous remarquez que l'une d'elles sèche et ne donne plus de pousses vertes au printemps, coupez-la au ras du sol ou au ras de la tige principale. Rabattez aussi très court les tiges sur un chèvrefeuille trop âgé, et ne gardez qu'une ou deux charpentières pour le régénérer.

1 Après la floraison, éclaircissez la ramure en coupant les tiges malingres et les tiges les plus âgées qui ont fleuri, et en raccourcissant les autres d'un tiers. Taillez au-dessus d'un nœud ou d'un embranchement. Puis, en automne ou à la fin de l'hiver, enlevez tout le bois sec et cassant.

2 Secouez également la plante afin de dégager toutes les feuilles mortes qui finissent par s'entasser sur la ramure et dans les branches. Mettez-les de côté : elles vous serviront à fabriquer un terreau de feuilles, que vous épandrez au pied de votre chèvrefeuille au printemps suivant.

La glycine, comme le chèvrefeuille, produit de vigoureux rameaux qui deviennent vite envahissants. Sélectionnez deux ou trois branches pour former la structure de la plante que vous garderez. En fin d'hiver, supprimez toutes les branches en surnombre qui ne vous semblent pas bien placées. Après la floraison, et pour limiter la végétation, taillez à trois ou quatre yeux les jeunes rameaux de l'année qui ont fleuri. En été, palissez les tiges nouvelles si vous voulez que votre plante ait une plus grande envergure ; sinon, supprimez-les.

> Installer des tuteurs

Le tuteurage aide les plantes à s'enraciner tout de suite, évite qu'elles ne cassent sous le poids des fleurs ou de la pluie, et les stabilise dans les zones ventées du jardin. Prenez soin de placer les tuteurs au moment de la plantation, et de les choisir solides et d'une hauteur équivalente aux deux tiers au moins de la plante. Laissez du jeu dans les attaches pour que les tiges puissent grossir.

1 Les grandes vivaces demandent un tuteurage quand elles sont en bordure d'allée ou dans les endroits ventés. Placez le tuteur dès la plantation, et attachez la tige au fur et à mesure de sa croissance.

2 Certaines plantes imposantes, comme les pivoines ou les dahlias, ont besoin d'être soutenues pendant la période de végétation. Disposez tout autour des tuteurs, et reliez-les par un ou plusieurs fils.

3 Pour tuteurer les fruitiers et les arbres de plein vent, enfoncez un solide piquet près du tronc, au moment de la plantation, en veillant à ce qu'il passe entre les racines sans les blesser.

4 Les plantes en grosse motte doivent être haubanées (enfoncer un tuteur dans la motte abîmerait les racines). Plantez deux ou trois piquets autour de la plante, et reliez-les au tronc par un filin.

> Le meilleur support pour les grimpantes

Certaines grimpantes se fixent seules avec leurs ventouses ; toutes les autres ont besoin d'un support résistant, capable de porter leur poids et solidement arrimé au mur ou au sol. Prenez des treillages à lattes épaisses si vous plantez chèvrefeuille, clématite, rosier ou passiflore. Pour les fixer, ainsi que pour les fils de palissage, préférez des rivets vissés plutôt que les clous, qui tombent lorsqu'ils rouillent.

1 Tendez des fils solides à 5 centimètres au minimum du mur si vous palissez une plante souple. Si la plante est volubile, comptez 15 centimètres pour qu'elle puisse enrouler ses tiges autour.

2 Pour masquer un grillage : tendez-le bien pour qu'il ne s'affaisse pas sous les végétaux et plantez à 20 centimètres ; tendez des fils entre des piquets installés tout au long s'il est trop vieux.

3 Fixez arceaux et pergolas dans des plots en béton pour une meilleure stabilité. Pour protéger de l'humidité les piliers en bois des pergolas, installez-les dans une chape de sable.

4 Posez les treillages sur des pitons à 10 centimètres du mur pour laisser l'air circuler entre végétaux et mur. Autour des arbres et des gouttières, placez un treillage circulaire amovible.

> Un bon palissage

Le secret d'un palissage réussi réside dans l'installation d'attaches souples, renouvelées régulièrement, et dans l'organisation stricte des branches pour éviter un fouillis végétal, vite inextricable. Séparez bien les pieds des différentes plantes que vous installez le long d'un mur, et plantez une seule grimpante par pied de pergola. Gardez 15 à 20 centimètres de distance entre le support et la plante pour bien aérer celle-ci.

1 Les chèvrefeuilles et autres plantes grimpantes à grande végétation seront palissés au-dessus du support : l'entretien sera plus facile, et les rameaux forts ne casseront pas la structure.

2 Fixez des fils horizontaux pour guider les plantes sur un mur : les rameaux seront plus aérés et florifères. Si le mur est très haut, préférez des fils verticaux, comme entre deux fenêtres.

3 Chaque jeune pousse sera attachée au fur et à mesure de sa croissance et individuellement. Attendez quelques jours que le sol soit tassé pour attacher la plante après la plantation.

4 Pour ne pas entraver la croissance des tiges, desserrez et complétez régulièrement les attaches. Prenez des fils de raphia, par exemple, pour éviter de blesser les tiges.

> Soutenir les plantes hautes

Les plantes grimpantes habillent les surfaces verticales. Elles présentent aussi l'avantage d'offrir une belle surface de feuillage en n'ayant qu'un faible encombrement au sol. Les longues tiges des plantes sarmenteuses doivent être attachées, tandis que les volubiles s'enroulent d'elles-mêmes autour d'un support. Certaines plantes hautes ont des tiges trop frêles pour leur poids ; elles ont alors besoin d'un tuteur, qui sera le plus discret possible.

1 En plus d'être décoratif, un treillage le long d'un mur constitue un support idéal pour les plantes grimpantes ou volubiles. Installez-le avant de planter les végétaux qui en bénéficieront.

2 Ces tuteurs métalliques en cercle permettent de soutenir une touffe de vivaces hautes. Le cercle peut être monté le long des supports au fur et à mesure du développement de chaque plante.

3 Un arbre nu ou mort est un bon support pour une grimpante, qui lui apportera une touche de verdure. Installez la plante au pied de l'arbre, orientée de préférence au sud ou à l'ouest.

4 Les gouttières qui descendent le long des murs sont inesthétiques. Ce tuteur spécial est constitué d'un grillage plastique qui épouse leur forme et se fixe sur elles avec des clips.

> Éclaircir les plantes trop serrées

Lorsqu'on sème des graines, on en met toujours trop ! Il est en outre difficile, avec les graines fines, d'éviter l'effet « paquet ». Lorsque les graines germent et que les plantes apparaissent, elles se touchent parfois, s'étouffent mutuellement ou poussent tout en longueur, ne donnant rien de bon. De trois semaines à un mois après un semis en place, il faut donc oser un geste qui brise le cœur : l'éclaircissage.

1 Arrachez les jeunes plantes en surnombre. Ce sera par poignées quand les regroupements sont très importants. Sinon, sacrifiez les moins vigoureuses en les choisissant une à une.

2 Vous pouvez aussi passer un sarcloir à intervalles réguliers puisqu'il ne faut laisser qu'une plante tous les 10 à 20 centimètres au maximum.

3 Arrosez en pluie fine pour aider les jeunes racines malmenées (c'est ce qui se produit quand les plantes sont très serrées) à se réancrer dans le sol.

Si votre semis lève très irrégulièrement, c'est peut-être que les limaces en ont fait un festin. Il suffit d'une nuit, par temps humide, pour anéantir un semis. Les granulés empoisonnés étant dangereux pour certains animaux, essayez les efficaces bols de bière, dans lesquels les limaces tomberont, ivres mortes.

> Gérer les semis spontanés

Quand on souhaite un jardin sans entretien, rien de tel que des fleurs capables de coloniser de grands espaces. On nomme « semis spontanés » ces graines qui germent d'elles-mêmes. Elles donnent des plantes qui fleurissent dans les endroits les plus inattendus, et composent des décors toujours renouvelés. Si l'on veut cependant garder le contrôle de la situation, le mieux est d'aider la nature par quelques gestes simples.

1 Dès que les plantes annuelles ont fini de fleurir, griffez le sol à leur pied. Profitez-en, éventuellement, pour enlever les mauvaises herbes.

2 N'arrachez pas tout de suite les plantes fanées : attendez bien sûr que les graines se soient répandues et que les jeunes plantes soient apparues.

3 Éclaircissez les semis spontanés si cela s'avère nécessaire, puis désherbez-les soigneusement. C'est tout ce que vous aurez à faire !

4 Vous pouvez (sauf dans le cas des coquelicots) récupérer les jeunes annuelles en surnombre, à l'aide d'un transplantoir, pour les installer là où vous le souhaitez.

> Installer une barrière antiracinaire

Certaines plantes de haie prennent tant d'ampleur qu'elles envahissent l'espace en quelques années, puis colonisent les zones proches. Elles se multiplient seules, par rejets ou par rhizomes. C'est le cas du kerria, arbuste touffu à floraison printanière idéal en haie libre, et de beaucoup de bambous. On est alors obligé de les installer dans de grandes fosses cernées par une barrière antiracinaire, qui limite leur progression. Divers matériaux servent à constituer cette barrière. Dans le commerce, on trouve facilement des bâches antirhizomes, mais on peut aussi fabriquer soi-même des murets tout autour de la fosse. Évitez les simples bâches plastiques qui, même posées en double épaisseur, ne résisteront pas longtemps à la poussée des racines.

1 Creusez une fosse trois fois plus grande que la motte de l'arbuste. Tapissez les bords de cette fosse avec la bâche antirhizomes, en laissant le fond libre, et calez la bâche avec une pierre le temps d'installer la plante.

2 Positionnez la plante au milieu du trou. Rebouchez avec la terre sortie précédemment, additionnée d'un tiers de terreau. Tassez une fois l'opération terminée et arrosez copieusement pour que la terre se mette bien en place.

Les arbustes de haie « pompent » les éléments nutritifs du sol, et leurs racines concurrencent celles des végétaux installés à proximité. Si vous plantez au pied d'une haie, vous devrez arroser souvent et amender régulièrement avec de la matière organique pour enrichir le sol. Malgré tout, certaines plantes de massif exigeantes en eau et en éléments nutritifs souffriront de cette concurrence. Vous aurez moins de problèmes si vous plantez à 40 cm du pied de la haie (cette distance étant calculée à partir de l'aplomb de sa ramure au sol).

> Rabattre les vivaces

Quand les vivaces caduques ont fini leur saison de végétation, non seulement elles fanent et deviennent inesthétiques, mais des nids à parasites se cachent sous les feuilles sèches. Couper les plantes élimine ce problème potentiel, et les régénère par la même occasion. Repérez la place des touffes qui disparaissent totalement en hiver à l'aide de tuteurs. De même, chez les vivaces persistantes comme la lavande, la santoline, la sauge et le romarin, il est bon de rabattre — c'est-à-dire couper — les touffes d'un tiers de leur hauteur en fin d'hiver pour favoriser le départ de nouvelles pousses et conserver aux plantes des touffes compactes.

1 Aussitôt les vivaces d'été fanées, taillez la touffe entière, à 5 centimètres du sol (attendez la fin de l'automne pour les vivaces tardives qui fleurissent jusqu'en octobre). Profitez-en pour bien nettoyer le pied de la touffe de tous les débris végétaux, et binez en surface pour casser la croûte de terre et aérer.

2 Au fur et à mesure de ce travail de taille, piquez des tuteurs munis d'étiquette au pied de vos plantes pour vous rappeler leur nom et leur emplacement. Ces repères resteront jusqu'au printemps, et vous pourrez ainsi réaménager votre massif sans risque, diviser les touffes ou planter d'autres vivaces à côté.

Pour éviter d'avoir des massifs et des bordures vides en hiver, mélangez les vivaces persistantes et les vivaces caduques. Aubriète, orpin, bergénia, alysse, millepertuis, ibéris, iris, pervenche, heuchère, hélianthème, thym, santoline et sauge ont un feuillage persistant. Les hellébores, persistantes également, fleurissent en hiver, de même que certains bergénias. Pour un effet de surprise, plantez quelques cyclamens de couleur vive dans un tapis de gingembre aux feuilles arrondies, luisantes et persistantes.

> Rabattre lierre et vigne-vierge

Plaqués au mur par leurs ventouses, lierre et vigne-vierge montent à de grandes hauteurs et s'insinuent partout où ils ont prise sur un support. Ils arrivent donc aussi à se coller sur les gouttières, qu'ils bouchent ou décollent du mur, sur les volets, dont ils empêchent la fermeture, et sur les toits, dont ils soulèvent les tuiles. Et quand on coupe les tiges mal placées, ils repoussent si vite qu'avant même la fin de la belle saison ils ont à nouveau envahi les lieux. Seul un rabattage des tiges au ras du sol peut, à long terme, être efficace. Vous aurez en plus moins de mal à atteindre la partie de la plante qui vous gêne.

1 Commencez par repérer le trajet des ramifications sur la partie incriminée. Coupez toutes celles que vous pouvez atteindre, puis coupez la tige porteuse au ras du sol. N'y touchez pas pendant quinze jours à trois semaines.

2 Les tiges et les ventouses vont peu à peu sécher, et vous pourrez les tirer sans abîmer les autres parties de la plante, car elles se décolleront facilement du mur. Tirez à partir du bas, et parallèlement au mur.

La renouée ne se colle pas au mur comme la vigne-vierge, mais produit des rameaux en grande quantité et d'une telle longueur qu'il est difficile de savoir où la tailler pour garder le contrôle de son développement. Si le support ploie sous le poids de cette grimpante, rabattez-la sévèrement pour pouvoir le réparer ou le changer. Réduisez en premier la ramure, en taillant toutes les tiges des deux tiers. Puis coupez un tiers des tiges anciennes au ras du sol. Celles qui restent repartiront de plus belle ensuite, et de jeunes pousses viendront compléter la ramure.

> Éviter les courants d'air

Le vent et les courants d'air sont souvent la cause d'un retard de croissance chez les plantes. Protégez-les des vents dominants qui exercent une forte poussée sur elles, déstabilisent leurs racines, déforment leur silhouette et les empêchent de se développer rapidement. Des claustras brise-vent et des bosquets d'arbustes composés d'un tiers de persistants et de deux tiers de caduques rétabliront la situation.

1 Un mur de clôture protège les massifs sur environ 4 mètres, mais des tourbillons d'air sont alors créés plus loin. Placez un groupe d'arbustes à 5 mètres de la clôture pour casser ces tourbillons.

2 Une haie produira le même effet qu'un mur de clôture si elle est trop dense. Plantez des arbustes à feuillage léger qui filtrent l'air, comme les bambous, en quinconce sur une grande largeur.

3 Claustras et treillages à mailles serrées jouent le même rôle que les arbustes brise-vent. Placez-les sur le trajet des vents dominants et des courants d'air, ils délimiteront ainsi plusieurs espaces.

4 La hauteur des haies brise-vent varie de 1,5 mètre (petits jardins et séparations entre les parties du jardin) à 6 mètres (limites). Derrière, vous serez protégé sur une distance allant de 10 à 50 mètres.

> Rempoter les plantes

Les plantes à massifs ne durant qu'un an, les plantes bulbeuses et les arbustes à croissance lente sont dans leur pot une fois pour toutes. En revanche, les plantes vigoureuses, les vivaces, croissant rapidement et se gardant plusieurs années, finissent par remplir l'espace avec leurs racines et par épuiser le support de culture. Rempotez si le conteneur n'est pas trop volumineux, de préférence au printemps ; sinon, contentez-vous de faire un surfaçage.

1 Retirez la plante de son conteneur et éliminez le vieux support de culture. Remplacez l'ancien pot par un nouveau conteneur dont le diamètre ne sera plus grand que de quelques centimètres.

2 Constituez une couche de drainage au fond, remplissez en partie d'un bon support de culture et placez la plante de telle façon que le haut de la motte se trouve 2 centimètres sous le bord.

3 Finissez de remplir, tassez avec la main le support de culture tout autour de la plante et arrosez abondamment, de façon à éliminer toutes les poches d'air qui auraient pu se créer.

4 Si la potée est volumineuse, contentez-vous de surfacer : grattez et enlevez environ 10 centimètres de vieille terre sans abîmer les racines, et remplacez par un support de culture neuf.

> Repiquer les plantes en godets

Les plantes que vous allez acquérir se présentent en godets ou, si elles sont grandes, dans des pots de plastique. Elles sont ainsi prêtes à être transplantées dans le sol, que vous aurez préalablement préparé. Chaque contenant est généralement accompagné d'une étiquette qui donne le nom exact de la variété ainsi que quelques conseils de culture. Ces plantations peuvent se faire toute l'année, hors périodes de grosse chaleur, de gel ou de forte pluie.

1 Si la terre est très sèche, faites tremper le godet dans une cuvette d'eau une dizaine de minutes pour bien mouiller la motte. La plante devrait alors glisser facilement hors de son conteneur.

2 Si vous avez du mal à retirer la motte compacte du godet, n'hésitez pas à couper le plastique avec ciseaux ou sécateur. Donnez aussi quelques coups de sécateur dans les racines très serrées.

3 Respectez des distances entre les plantes mises en terre, en tenant compte de leur développement à maturité : elles doivent être assez proches pour un effet de masse, mais ne pas se gêner.

4 Tassez la terre et arrosez abondamment après la plantation, même si l'atmosphère est humide. On supprime ainsi toutes les poches d'air près des racines, qui nuisent à leur bonne installation.

> Bien arroser les plantes

Un bon arrosage est une des clés de la réussite. Trop peu ou pas assez d'eau stresse les plantes, mais un apport d'eau trop fréquent et superficiel les fait dépérir car leurs racines, qui se développent alors uniquement en surface, se retrouvent à la merci de la moindre sécheresse. Il vaut donc mieux arroser copieusement une fois par semaine, et tous les trois jours par forte chaleur. Vos plantes profiteront aussi mieux de l'eau apportée si vous formez une cuvette à leur pied pour la retenir. En période pluvieuse, laissez le sol se ressuyer avant d'arroser à nouveau pour ne pas engorger la terre. En hiver, pensez à arroser au moins une fois tous les quinze jours les plantes persistantes : elles ont besoin d'eau toute l'année pour maintenir leur feuillage.

1 Formez un gros bourrelet de terre circulaire (40 centimètres de rayon au moins) autour du pied de vos plantes. La cuvette ainsi créée va retenir l'eau d'arrosage, qui s'écoulera directement vers les racines des plantes.

2 Si la terre est très sèche, arrosez de préférence en deux temps (à quelques minutes d'intervalle) au pied des plantes pour que l'eau s'infiltre mieux. Elle restera alors dans la cuvette sans ruisseler autre part.

Bien arroser veut aussi dire choisir le moment propice pour que les plantes profitent au maximum de l'eau apportée. Évitez absolument d'arroser quand il fait plein soleil, en milieu de journée : l'eau s'évaporerait trop rapidement et resterait en surface. En plus, les gouttes tombées sur les fleurs et sur les feuilles risquent de faire loupe sous le soleil et de griller la plante. En arrosant tôt le matin ou en soirée, la terre aura le temps de bien s'humidifier. Vos plantes puiseront alors facilement ce dont elles ont besoin.

> Arroser les plantes à fleurs

Les plantes qui vous sont présentées dans cet ouvrage ne demandent pas, en temps normal, d'arrosage suivi. Si ces espèces robustes sont plantées dans le type de sol qui leur convient et dans une région où le climat leur sied, elles sont parfaitement capables de se débrouiller seules. Un « coup » de pouce est cependant souhaitable, voire nécessaire, au moment de la plantation et pendant certaines étapes critiques.

1 Pour une jeune vivace plantée en début de saison : arrosez individuellement, en pluie fine (avec douchette de jardin ou arrosoir à pomme), jusqu'à la reprise de la croissance.

2 Pour une vivace adulte : en cas de sécheresse prolongée au moment de la floraison, arrosez individuellement pour soutenir celle-ci (arrosoir au goulot).

3 Pour des annuelles : durant le premier mois, arrosez le massif à fond chaque semaine en pluie fine ; ensuite, arrosez en cas de sécheresse durant plus de deux ou trois semaines.

4 Pour des bulbes à fleurs : arrosez à fond à la plantation (arrosoir à pomme), puis, en cas de sécheresse, au moment de la floraison et juste après pour aider les bulbes à se reconstituer.

> Limiter l'arrosage

Pour bénéficier d'une bonne reprise, les arbustes de haie demandent à être copieusement arrosés la première année de plantation. Ensuite, vous les laisserez s'endurcir progressivement, et pourrez même abandonner aux intempéries le soin de les abreuver. La mise en place d'un arrosage automatique est une solution pratique et sûre. Posez un tuyau microperforé à faible débit ou un tuyau plat percé tout le long de la haie, sous la ramure, raccordez-le à une horloge automatique branchée sur l'arrivée d'eau et programmez. Mais, avant tout, pensez à confectionner une cuvette de retenue autour du pied des plantes pour que l'eau s'infiltre rapidement vers les racines.

1 Dans une haie libre, élevez des bords en terre tout autour du pied de chaque arbuste (de 40 à 50 cm du tronc). Modelez ces bords en bourrelets : ils retiendront l'eau d'arrosage.

2 Sur une plantation en ligne, réalisez une cuvette unique le long des arbustes. Cette opération est nécessaire pendant au moins un mois pour les haies de charmes et autres caducs.

Il faut arroser le matin de bonne heure ou le soir, tard, quand la terre se rafraîchit. N'arrosez surtout pas en plein midi ou dans l'après-midi en été, quand la chaleur est encore trop forte et que le sol est surchauffé. En hiver, arrosez les persistants en milieu de journée, quand il ne gèle pas, environ une fois par quinzaine. Arrosez au pied des plantes, principalement pour les arbustes à fleurs, et de temps en temps sur les feuillages des persistants pour éliminer les parasites. Enfin, laissez la terre se ressuyer en période pluvieuse avant d'arroser de nouveau mais, en revanche, pensez à arroser en période de sécheresse, même printanière ou automnale.

> Assurer un bon drainage

Qu'il soit dû à des arrosages trop nombreux ou à une pluie abondante, l'excès d'eau est toujours plus préjudiciable aux plantes que le manque d'eau. Il entraîne un pourrissement irrémédiable des racines et l'asphyxie de la plante. Il est donc indispensable que le pot soit percé d'un ou de plusieurs trous, et qu'il y ait une couche de drainage au fond pour que le support de culture ne reste pas gorgé d'eau et que celle-ci puisse s'évacuer.

1 Le nombre et le diamètre des trous dépendent des dimensions du conteneur. Posez sur chacun d'eux un caillou d'assez grosse taille ou un tesson de pot cassé pour l'obstruer partiellement.

2 Répartissez au fond une couche de graviers, de billes d'argile expansée ou de morceaux de pots sur 4 à 5 centimètres d'épaisseur pour une jardinière, plus si le contenant est profond.

3 Découpez aux dimensions du pot un morceau de feutre non tissé ou de grillage plastique fin et posez-le sur la couche de drainage : il évitera que la terre ne se glisse dans les espaces.

4 Remplissez le reste du pot avec le support de culture. Mettez une première couche dans le fond, et vous finirez de remplir une fois que les plantes seront bien mises en place.

> Conserver les bulbes d'une année sur l'autre

Lis, Tulipa greigii et couronne impériale restent en terre durant de nombreuses années. Jacinthe, ail géant, glaïeul, canna et dahlia doivent en revanche être renouvelés chaque année, sauf si vous les déterrez après leur floraison pour les garder à l'abri en attendant l'année suivante. Faites-le au moins pour vos variétés préférées !

1 Jacinthes et ails : vers fin juin, leur feuillage a complètement jauni, voire disparu. Attendez ce moment pour arracher les bulbes. Prélevez les « bulbes fils » présents autour du vieux bulbe ayant fleuri (bon à jeter), et conservez-les au sec et à l'ombre pour les replanter en octobre. Glaïeuls : procédez de la même façon mais en automne, au moment des premières gelées.

2 Cannas et dahlias : arrachez, sans les casser, les souches charnues au moment de la première gelée, en général à la Toussaint. Plus tard, elles pourriraient ; plus tôt, elles ne seraient pas mûres. Ôtez la terre collée entre les « patates » et rangez-les dans un cageot, sur de la paille ou du papier journal. Gardez-les ainsi jusqu'au printemps, à l'abri du gel et de la lumière.

Certains jardiniers se flattent de laisser leurs plus précieux bulbes en terre, et ce avec succès. En ce qui concerne ails et jacinthes, c'est tout à fait possible, mais au détriment de la floraison spectaculaire recherchée. Les fleurs deviennent en effet plus petites chaque année. En ce qui concerne les glaïeuls, les cannas et les dahlias, le risque peut en valoir la chandelle si vous habitez une région où les hivers sont doux et secs, et si la terre de votre jardin est très filtrante. Ces bulbes, d'origine tropicale, craignent en effet l'humidité stagnante durant leur période de repos, plus encore que le froid.

> Protéger des rigueurs du froid

Si elles ne vivent pas sous un climat privilégié, les plantes ont besoin d'être protégées contre le froid ou les gelées tardives. Pensez surtout aux jeunes sujets plantés en automne (ceux mis en place au printemps ont plus de temps pour s'endurcir avant l'hiver). Tous les matériaux naturels utilisés pour isoler doivent être sains.

1 Couvrez jeunes plants et vivaces de fougères sèches avec, au centre, des feuilles sèches. Calez avec des pierres. Buttez le pied des rosiers avec de la terre sur 30 centimètres de hauteur.

2 Entourez les pots et le bas des plantes ensemble avec des paillons ou un voile d'hivernage (voile qui laisse passer air et lumière, vendu en jardinerie) disposé en plusieurs couches.

3 Protégez les grimpantes sensibles en tendant un voile d'hivernage sur toute leur ramure. Vous pourrez ôter ce voile partiellement en fin d'hiver pendant la journée, mais le laisserez jusqu'à la fin des gelées tardives.

4 Protégez les tapissantes par des paillons, posés sur elles ou sur des petits piquets qui les soutiendront. Ôtez ces protections dans la journée s'il fait assez chaud et rabattez-les le soir pour protéger des gelées matinales.

> Protéger les plantes du gel

Protéger ses plantes en hiver contribue à leur épanouissement rapide au printemps. Enveloppez les caduques gélives ainsi que les persistantes, comme les camélias, quand la température descend trop. Les voiles d'hivernage, ou voiles de forçage, se vendent en rouleau, se découpent facilement et ont l'avantage de laisser passer l'air. Évitez les bâches plastiques qui, en retenant l'humidité, entraînent pourrissement et maladies.

1 Recouvrez les souches des vivaces et des petits arbustes de feuilles mortes et de fougères sèches collectées en forêt (calez avec des galets). Pour certaines plantes, un tapis d'écorces de pin suffira.

2 Les manchons de paille préservent bien du froid. Attachez la ramure pour la resserrer avant de placer le manchon, et ajoutez des feuilles sèches à l'intérieur quand le diamètre de la plante est important.

3 Protégez les jeunes arbres, les arbustes fragiles et les fruitiers avec un voile d'hivernage. Le pied des rosiers et autres arbustes caduques peut être entouré d'une butte de terre.

4 Rentrez, au garage par exemple, les plantes en pot transportables. Enveloppez les autres (ainsi que leur conteneur) dans un manchon de paille ou dans du voile d'hivernage.

MULTIPLIER

Bouturer facilement	62
Bouturer les arbustes	63
Bouturer des racines	64
Diviser les iris	65
Diviser joubarbes et orpins	66
Diviser les vivaces	67
Multiplier les plantes	68
Multiplier les passiflores	69
Multiplier les bruyères	70
Marcotter les plantes souples	71

> Bouturer facilement

Nombre de plantes se bouturent simplement et s'enracinent rapidement pour donner de nouveaux sujets de bonne qualité. Le bouturage de tige sur les arbustes souples et les boutures herbacées sur les vivaces se réussissent aisément. Attendez que les racines se forment (entre un mois et demi et une saison) pour transplanter les plants à leur place définitive.

1 Prélevez en fin d'été, un ou plusieurs morceaux de 25 centimètres d'un jeune rameau de l'année. Recoupez cette bouture en biais juste sous un nœud et supprimez les feuilles du bas.

2 Plantez-la dans un pot rempli d'un mélange de sable et de terre, ou en pleine terre dans une tranchée sablée. Elle s'enracinera et sera transplantée la saison suivante. Protégez-la du gel.

3 Pour une bouture herbacée, coupez un morceau de 7 à 10 centimètres d'une tige souple en début de croissance (évitez les tiges déjà fleuries sur les vivaces). Enlevez les feuilles du bas et recoupez sous un nœud.

4 Plantez dans un mélange léger et arrosez. Enveloppez le pot d'un sac de plastique percé de trous, maintenu sur les bords pour conserver la chaleur et l'humidité. Rempotez dans la terre seule de un à deux mois plus tard.

> Bouturer les arbustes

Les haies basses qui entourent les massifs et les haies moyennes qui séparent les différentes parties du jardin nécessitent un grand nombre de plants. Après avoir acheté ceux de la haie de clôture, allégez le coût des autres haies en bouturant les arbustes. Le buis, par exemple, se prête très bien à cette multiplication à partir des jeunes rameaux. Opérez en été, de fin juillet à septembre.

1 Prélevez un morceau de tige de 20 à 30 cm selon l'espèce, sur la partie terminale d'un rameau jeune et sain, non fleuri. Coupez net en biseau au-dessus d'un nœud ou d'une paire de feuilles.

2 Recoupez le bas de la bouture en biseau sous un nœud et enlevez les feuilles sur les deux tiers inférieurs. La reprise sera facilitée si vous trempez la base dans des hormones d'enracinement.

3 Repiquez chaque bouture dans une tranchée faite dans un sol léger à l'aide d'une pelle-bêche. Si le terrain est lourd, ajoutez de un à deux tiers de sable. Arrosez en pluie.

4 Une fois les nouveaux plants enracinés, prélevez-les avec leur motte et transplantez-les au jardin avec précaution (utilisez un plantoir à main pour préserver les jeunes racines).

> Bouturer des racines

Le bouturage de racine ne prend pas plus de temps qu'un bouturage de tige, et donne de bons résultats sur les chardons bleus (Echinops), les molènes, les acanthes, les campanules et les phlox. Il se pratique sur les plantes ayant des racines charnues : on choisit une ou plusieurs jeunes racines, que l'on prélève. L'opération est simple, mais pensez à laver les racines avant d'en couper pour éviter de blesser les autres.

1 Déterrez la plante au début de l'hiver, lorsqu'elle est en période de repos végétatif. Coupez une ou plusieurs racines de l'épaisseur d'un crayon, près du collet, avec un couteau ou un petit sécateur.

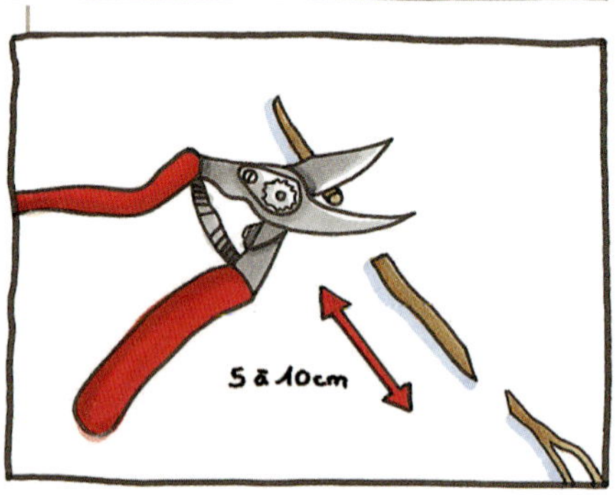

2 Replantez le pied mère aussitôt. Sectionnez les racines prélevées en morceaux de 5 à 10 centimètres de long, en biseau en bas (conservez le sens de la racine) et droit en haut de la bouture.

3 Piquez droit dans un pot rempli de terreau de bouturage humide de façon que le haut de la bouture affleure (préparez les trous à l'aide d'un crayon), puis couvrez d'une fine couche de sable.

4 Placez sous un châssis froid. Quand les jeunes pousses apparaissent, repiquez-les dans un terreau de rempotage plus riche. Vous transplanterez la plante au jardin quand elle aura forci.

> Diviser les iris

Inutile de chercher bien loin : si vos iris ne fleurissent plus ou presque plus, c'est qu'ils ont besoin d'être divisés. Trop serrés, les rhizomes ne peuvent plus se renouveler. En effet, à chaque début d'été, le rhizome qui vient de fleurir meurt et il en pousse un ou plusieurs autres, presque aussitôt, sur le pourtour ; au bout de plusieurs années, la masse des rhizomes morts devient très encombrante.

1 Déterrez le plus délicatement possible la souche de rhizomes à diviser en la soulevant à l'aide d'une fourche-bêche.

2 Coupez avec un couteau bien affûté chaque rhizome du pourtour, avec ses racines et son bourgeon de feuilles. Attention, si ce dernier casse, le rhizome ne donnera plus rien.

3 Replantez aussitôt les jeunes rhizomes à 30 ou 40 centimètres d'intervalle, par groupes de trois, après avoir bien nettoyé le terrain des mauvaises herbes.

4 Arrosez abondamment en pluie. Jetez le centre de la souche ; il est devenu stérile, et ne peut donc pas être réutilisé.

> Diviser joubarbes et orpins

Ces plantes, qui possèdent de nombreuses espèces et variétés miniatures, peuvent finir par couvrir de grandes superficies. La transplantation de leurs rejets ou de morceaux de leurs touffes est aisée. Ils auront besoin de peu d'eau et d'un terreau très léger, voire de deux à trois jours de séchage de la plaie de coupe (pour les orpins, ou Sedum) pour laisser un cal (tissu cicatriciel) se former. Ces opérations vous demanderont juste un peu de minutie, car rosettes et rejets sont parfois minuscules.

1 Sortez soigneusement de terre les plantes devant être divisées, en les dégageant tout autour et en creusant à l'aide d'un petit transplantoir.

2 Séparez les rosettes chez les joubarbes et divisez les touffes chez les orpins, ou séparez les rejetons de façon nette avec un couteau bien aiguisé.

3 Replantez dans un mélange léger de terreau et de sable grossier. Garnissez la surface de graviers et mettez au soleil (joubarbes) ou à mi-ombre (orpins), près d'un mur bien exposé.

4 Arrosez seulement un peu au début, puis plus régulièrement au bout de deux semaines. Vous pourrez transplanter les jeunes sujets au jardin dès que de nouvelles pousses seront apparues.

> Diviser les vivaces

Vous risquez de vous sentir envahi par vos plantes à croissance vigoureuse, même si vous vouliez au départ qu'elles prospèrent le plus vite possible. La division est une solution de contrôle de leur progression, ainsi qu'une bonne façon de régénérer les touffes commençant à s'étioler, à se creuser au centre et à moins fleurir. Conservez les morceaux périphériques, plus jeunes, des souches âgées, et jetez le reste.

1 Au printemps, déterrez les touffes à l'aide d'une pelle-bêche et secouez doucement la terre prise dans les racines. Vous allez ensuite diviser, en gardant les morceaux de souche les plus jeunes.

2 Les souches peu épaisses, comme celles de nombreuses plantes aromatiques, se divisent aisément à la main. Prenez soin de conserver le système racinaire en bon état lors de l'opération.

3 Une souche imposante se sépare à l'aide d'une fourche ou d'une bêche. Coupez-la en deux morceaux (voire en trois ou plus, selon sa taille), en gardant le plus possible de racines intactes.

4 Pour diviser les rhizomes et les racines charnues de plantes comme les iris ou les pivoines, utilisez un couteau bien affûté et coupez en plusieurs tronçons, que vous replanterez en les espaçant.

> Multiplier les plantes

Vous trouverez dans les catalogues, dans les points de vente spécialisés et dans les fêtes des plantes un choix très important de végétaux. Mais multiplier soi-même certains d'entre eux est source de plaisir pour le jardinier, sans compter que l'économie est bien réelle lorsqu'on souhaite disposer d'un grand nombre de plantes identiques. Division des touffes, bouturage, marcottage, greffage et semis sont les maîtres mots de la multiplication des plantes.

1 Les touffes de vivaces s'accroissent par leur partie souterraine, et le cœur de la plante vieillit. Soulevez la souche et séparez-la en plusieurs petites touffes à l'aide d'un fer de bêche.

2 Le marcottage consiste à enterrer un morceau de tige encore relié à la plante-mère. Il va s'enraciner, et pourra alors être séparé. C'est une technique intéressante pour les plantes grimpantes.

3 Le semis, méthode de multiplication la plus naturelle, consiste à placer les graines dans les conditions idéales pour leur germination. Il suffit ensuite de repiquer les petits plants obtenus.

Les plantes issues de semis ne sont pas parfaitement semblables, ni à leurs parents ni entre elles. Si en revanche le sachet mentionne que les graines sont des hybrides F1, les plantes obtenues seront toutes identiques car elles résultent d'un croisement entre des parents sélectionnés et homogènes.

> Multiplier les passiflores

Cette grimpante originale peut couvrir des murs immenses et devenir aussi touffue qu'un lierre, mais elle craint les coups de gel prolongés. Comme elle se multiplie facilement, vous pourrez exercer vos talents de différentes façons : elle se sème toute l'année en situation chaude, se bouture d'avril à août et se marcotte au printemps.

1 Bouturez les pousses à partir de 10 centimètres de tige nouvelle d'avril à juin. Pincez l'extrémité, enlevez les feuilles du bas et plantez dans un substrat léger. Gardez humide et au chaud.

2 Bouturez les pousses semi-ligneuses en juillet-août à partir de tiges à demi-lignifiées, coupées sous un nœud. Ôtez les feuilles du bas, plantez et arrosez. Transplantez au printemps.

3 Marcottez les tiges souples au printemps. Couchez-en une et maintenez-la au sol par des crochets, posés à intervalles réguliers là où vous l'aurez entaillée. Sevrez quand chaque marcotte a produit une pousse et des racines.

4 Pour le semis, récoltez des fruits mûrs, réservez quinze jours, écrasez et faites macérer au chaud trois jours. Lavez les graines et séchez-les. Avant de les semer dans un endroit à 20-25 °C, trempez-les 24 heures dans de l'eau chaude.

> Multiplier les bruyères

Elles couvrent de grands espaces, au jardin comme en pleine nature, sur des terrains souvent très ingrats et rocailleux. Renforcez leur dynamisme en les multipliant, vous aurez des talus tapissés de leurs tiges fleuries en un rien de temps. Procédez en mars pour le marcottage et le bouturage, et refaites des boutures en août au besoin. La première technique demande moins de manipulations mais sera plus longue. La seconde s'effectue sous châssis fermé pour donner les conditions idéales de reprise aux boutures. Vous obtiendrez des petits plans, à mettre en terre dès qu'ils auront pris racine.

1 Pour un marcottage réussi, sélectionnez de jeunes tiges saines sur la périphérie de la touffe, couchez-les au sol et maintenez ainsi avec des crochets en fer ou des pierres. Laissez un an en place, en arrosant régulièrement, puis séparez les rejets de la plante mère.

2 Pour le bouturage, coupez des morceaux de tige ayant déjà produit une nouvelle pousse. Prélevez 6 centimètres de long et plantez dans un mélange de sable grossier et de tourbe (deux tiers-un tiers). Arrosez en pluie très fine et placez dans un châssis à mi-ombre.

Les plantes de terre de bruyère doivent être cultivées en sol acide. Les bruyères surtout demandent un sol de texture légère, dont le pH (degré d'acidité) varie entre 5,5 et 6,5. L'espèce Erica carnea tolère un sol un peu plus alcalin, mais elle sera plus belle en terre acide. Si votre terrain est plutôt neutre ou calcaire, choisissez d'autres plantes car vous ne pourrez amender assez pour acidifier le sol de façon permanente sur de grandes superficies. En revanche, il sera toujours possible de créer des poches de terre de bruyère pour planter quelques sujets, comme des céanothes, des camélias ou des andromèdes, avec des bruyères.

> Marcotter les plantes souples

Le marcottage au sol est le procédé de multiplication le plus rapide avec les arbustes qui s'y prêtent, comme le rhododendron, la clématite, la viorne 'Boule de neige', le deutzia, la glycine, l'hydrangea, etc. Ce procédé est idéal pour augmenter l'épaisseur d'une haie de forme libre, d'un bosquet ou d'un massif.

1 En été, nettoyez et ameublissez le sol autour de la plante servant de pied mère. Choisissez sur la périphérie de celle-ci une branche de l'année saine, assez longue et souple. Abaissez-la délicatement au sol.

2 Effeuillez et entaillez légèrement 20 centimètres du rameau choisi, puis enterrez cette partie ; les nouvelles racines pousseront à partir de l'entaille. Laissez dépasser de terre l'extrémité du rameau portant encore des feuilles.

3 Maintenez avec un crochet ou une grosse pierre, et tuteurez l'extrémité du rameau. Arrosez régulièrement et faites attention que les animaux domestiques ne grattent pas à cet endroit.

4 Quand le rameau est enraciné (de deux mois à un an plus tard), coupez entre la plante mère et le nouveau sujet. Prélevez ce dernier avec une bonne motte et plantez-le à l'endroit choisi.

TAILLER

La taille de nettoyage	74
La taille de régénération	75
La taille du coiffeur	76
Régénérer les plantes	77
Réaliser des formes végétales	78
Tailler le bois mort	79
Tailler les arbustes à fleurs	80
Tailler les arbustes à floraison printanière	81
Régénérer une haie régulière	82
Tailler les haies libres	83
Tailler les haies régulières	84
Tailler les vivaces à floraison estivale	85
Tailler les vivaces à floraison printanière	86
Tailler les rosiers paysagers	87
Tailler les rosiers anciens	88
Tailler les rosiers-thé	89
Tailler orangers du Mexique et osmanthus	90
Tailler chalefs et sureaux	91
Tailler la bignone	92
Tailler la glycine	93
Tailler la lavande	94
Tailler la lavatère	95
Tailler chèvrefeuilles et jasmins	96
Tailler les cognassiers du Japon	97
Tailler les daturas	98
Tailler le lierre	99
Tailler lilas, viorne et seringa	100
Tailler agrumes et camélias	101
Tailler les clématites	102
Tailler les hibiscus	103
Tailler les hortensias	104
Tailler l'éléagnus	105
Tailler les mahonias	106
Tailler prunus et cerisiers	107
Tailler weigelias et seringas	108
Tailler rhododendrons et azalées	109

> La taille de nettoyage

Les arbres et les petits arbustes ayant l'allure d'un arbre ne doivent être taillés que légèrement et après réflexion, juste pour les aider à conserver leur belle silhouette. Intervenez en février ou en mars. Sont concernés l'albizia, l'arbre de Judée, l'aubépine, le cytise, le lilas des Indes (Lagerstroemia), le marronnier et le magnolia.

1 Supprimez toutes les brindilles desséchées et le bois mort. Récupérez ces déchets et brûlez-les, car ils peuvent contenir des germes de champignons ou propager des maladies.

2 Repérez les jeunes tiges se dirigeant vers l'intérieur de la ramure, celles qui s'entrecroisent ou sont tordues. Supprimez-les à la base ou raccourcissez-les pour les orienter correctement.

3 Si quelques jeunes branches, le plus souvent verticales, poussent trop par rapport aux autres et déséquilibrent la silhouette, épointez-les (du quart de leur longueur au maximum) pour les obliger à se ramifier.

Lorsque son extrémité est supprimée, une pousse émet des bourgeons au creux des feuilles situées juste au-dessous de la coupe, et ce quelle que soit la plante, ou presque. Jeunes troncs, branches ou rameaux deviennent en conséquence plus touffus.

> La taille de régénération

Les arbustes les plus vigoureux prennent en quelques années des allures de fourrés inextricables si on ne les discipline pas. En outre, leurs fleurs ne garnissent alors que la partie supérieure de leurs branches interminables. Les tailler est facile et efficace. Intervenez en mars pour le buddleia, le tamaris d'été et le jasmin d'hiver, et en mai-juin (une fois la floraison terminée) pour le genêt et le lilas.

1 Coupez les branches ayant déjà fleuri (elles sont faciles à reconnaître) du quart ou du tiers de leur longueur. Profitez-en pour rééquilibrer la silhouette de l'arbuste si nécessaire.

2 Coupez les jeunes rameaux n'ayant encore jamais fleuri de la moitié de leur longueur. Cela provoquera leur ramification, et donc une floraison plus abondante et une silhouette plus touffue.

3 S'il reste des tiges tordues ou se dirigeant mal, par exemple vers l'intérieur de la ramure, n'hésitez pas à les couper à ras. Elles ne donneraient de toute façon aucun résultat valable.

Si certains jardiniers confondent tailler et ratiboiser, beaucoup d'amoureux des plantes ont « mal au cœur » au moment de couper. Il s'agit pourtant d'un geste bénéfique s'il est effectué avec soin et discernement. Dans la nature, les animaux herbivores, les tempêtes et autres « accidents » se chargent du travail... d'une façon bien plus grossière !

> La taille du coiffeur

Comme nombre d'arbustes à feuillage persistant, camélia et céanothe d'été ne doivent pas subir de taille sévère, d'autant qu'ils ont une croissance lente. Lorsqu'elle est coupée, une grosse branche s'avère le plus souvent incapable de bourgeonner de nouveau. C'est donc un léger « coiffage » qu'on pratique dès la floraison terminée.

1 Il est important de couper les fleurs fanées chaque année en automne. Inutile de procéder fleur par fleur, l'opération serait interminable ! Taillez au sécateur ou à la cisaille, « en rond » tout autour de la ramure.

2 Profitez-en pour rectifier systématiquement les « mèches folles » ou les branches trop longues qui dépareraient la belle silhouette en boule naturelle. Plus tard, ces branches réagiraient moins bien à la taille.

À la suite d'un coup de froid ou par manque d'entretien, l'arbuste peut présenter un aspect déséquilibré ou étiolé : certaines branches sont complètement défeuillées, d'autres non. Dans ce cas, ne les coupez pas trop vite à ras après avoir conclu qu'elles étaient mortes. Commencez par les couper sur un quart de leur longueur, puis sur la moitié : si l'intérieur est brun et creux, c'est que les tissus sont morts ; s'il est vert et souple, c'est que la branche peut encore bourgeonner un peu plus bas. Dans d'autres cas, ce sont toutes les jeunes feuilles des extrémités qui ont « grillé », à la suite d'un coup de verglas printanier par exemple. Coupez alors les tiges souples les plus longues du tiers ou de la moitié de leur longueur, et épointez les autres pour provoquer l'émission de nouvelles feuilles. Le redémarrage peut être long.

> Régénérer les plantes

Sur les arbustes qui poussent vite, une régénération est parfois nécessaire car les rameaux deviennent dégingandés et de moins en moins florifères. Le feuillage a tendance à former de petites touffes à l'extrémité des branches, et le bas de l'arbuste se dégarnit. On les taille alors entièrement et, grâce à leur vigueur, ils repoussent tout aussi rapidement, en se renouvelant. La spirée est l'arbuste type sur lequel on pratique cette régénération tous les trois ou quatre ans. Pour qu'elle garde une silhouette trapue, la lavande doit être taillée tous les ans. Les hortensias doivent également bénéficier d'une taille annuelle, et c'est celle-ci qui leur permet de rester florifères (les fleurs naissent sur le bois de l'année, autrement dit sur les nouvelles branches). En cas de gel hivernal des rameaux de troène ou de laurier-rose, cette technique permet aux arbustes de repartir de leur souche.

1 Si un arbuste commence à s'ouvrir et à étaler ses rameaux, ou s'il se dégarnit trop du bas, coupez toute la masse de la végétation sur les trois quarts de la hauteur. Cette opération est aussi valable pour les vivaces comme les anthémis et la lavande.

2 Si vos arbustes ont gelé, coupez à la fin de l'hiver toutes les branches touchées à environ 20 centimètres de la souche. Sur une haie, en revanche, régénérez seulement une moitié des rameaux la première année, et occupez-vous de l'autre moitié l'année suivante.

On peut aussi rabattre certaines plantes naines ou tapissantes ; cela leur donne un regain de vigueur, et elles sont plus drues et plus denses ensuite. Le bambou nain, par exemple, le lierre, le lamier et le gazon d'Espagne se tondent comme du gazon une fois par an. Les plantes vivaces comme l'aubriète et l'hélianthème doivent être régénérées tous les deux ans. Une taille sévère peut intervenir après la floraison pour garder un aspect propre et homogène.

> Réaliser des formes végétales

Les plantes couvrantes se prêtent à merveille à la réalisation de formes végétales constituées sur des tuteurs ou des supports en métal ou en osier. Boules, cônes et spirales sont les plus courants, mais lapins, chats et autres formes animalières sont aussi faciles à créer : il suffit de palisser en suivant la structure que l'on installe, pour un pot comme au milieu d'un massif. Ces structures creuses et ajourées comprennent des pieds, que l'on enfonce simplement en terre. Les plantes les plus appropriées à cette utilisation sont le lierre, l'helxine et le muehlenbeckia. Mais rien ne vous empêche d'essayer avec d'autres, selon la taille du sujet à former.

1 Plantez le végétal, arrosez-le bien et installez votre structure au-dessus ou à côté. Attachez les tiges dessus avec des fils fins de raphia. Pour l'helxine, choisissez des formes basses et allongées pour éviter de l'attacher (les tiges sont minuscules).

2 Palissez au fur et à mesure chaque nouvelle pousse, en commençant par couvrir le bas de la structure. Surveillez ensuite les tiges vigoureuses qui prennent une autre direction que celle voulue. Taillez-les au ras de la forme quand celle-ci est entièrement couverte.

Cette plante persistante est idéale pour couvrir n'importe quel support car elle produit de longues tiges qui portent un minuscule feuillage. Tapissante au sol comme de la mousse, elle peut aussi grimper assez haut. Sa finesse et sa vigueur permettent donc de la conduire autour de topiaires en métal ou en fer, sur des murets ou diverses formes en pierre ou en bois. Son seul inconvénient est sa faible résistance au froid. Cultivez-la dehors si le climat de votre région est doux, ou rentrez-la dans la véranda sinon.

> Tailler le bois mort

Tous les arbustes, qu'ils soient persistants ou caducs, ont besoin d'un nettoyage annuel visant à enlever les branches mortes et les rameaux desséchés qui les encombrent. Procédez en fin d'hiver, avant le départ des nouvelles pousses et quand il ne gèle plus. Évitez aussi les périodes trop pluvieuses. Sur les arbres, badigeonnez du goudron végétal (acheté en jardinerie) sur les plaies de coupe pour accélérer la cicatrisation.

1 À l'aide d'un bon sécateur (ou de cisailles bien affûtées), coupez en biais, au plus ras possible de la branche saine, pour ne pas laisser de moignon disgracieux et dangereux.

2 Dans les haies et les bosquets du jardin, enlever le bois mort permet d'aérer l'intérieur des ramures ; les arbustes développent ainsi plus rapidement de nouvelles branches bien formées.

3 Le tronc des rosiers présente, avec l'âge, des bois résiduels des tailles successives. Coupez au ras du tronc et des tiges principales tous ces moignons, qui attirent les parasites et épuisent la souche.

4 Les grimpantes volubiles produisent un grand nombre de rameaux qui se renouvellent sans cesse. Supprimez les rameaux secs pour redonner de la vigueur à la plante et l'alléger.

> Tailler les arbustes à fleurs

Ils se taillent avant la floraison si le bois jeune produit les fleurs, ou après si ces dernières arrivent sur le bois d'un an. Plus ils sont couvrants, moins on les taille. Leur ampleur permet de mieux cacher ce que l'on veut soustraire au regard. Seules sont indispensables la taille de nettoyage, pour aérer le feuillage, et celle de régénération, par quart ou par tiers des tiges anciennes quand la plante s'épuise.

1 Le céanothe rampant se taille après la floraison, comme la plupart des arbustes à feuillage persistant. Pour l'étoffer, coupez à deux feuilles les jeunes pousses de l'année.

2 Sur le jasmin d'hiver, raccourcissez les rameaux des deux tiers après la floraison quand il est jeune, puis supprimez les vieux rameaux quand il prend de l'âge. Enlevez les pousses grêles.

3 Laissez Clématis montana se développer seule, en ôtant juste les rameaux en surnombre. Pour la régénérer, taillez-la après la floraison, les fleurs s'ouvrant sur le bois de l'année précédente.

4 Les rosiers lianes se taillent très peu, et plutôt après la fructification. Enlevez le bois sec, coupez un quart du vieux bois au ras du sol et rabattez les tiges latérales en fin d'été.

> Tailler les arbustes à floraison printanière

Les forsythias, les groseilliers à fleurs, les viornes et les chèvrefeuilles arbustifs d'hiver fleurissent très tôt au printemps. On doit les tailler sitôt la floraison terminée, dès avril ou mai. Ils disposeront ainsi de toute la belle saison pour former de nouveaux rameaux porteurs de fleurs. Sachez que les boutons à fleurs de ces arbustes sont, dès septembre, prêts à éclore. Ils n'attendent que la montée de sève du début de printemps, c'est pourquoi il ne faut surtout pas les tailler en automne !

1 Commencez par supprimer les rameaux qui ne donneront jamais rien et encombrent la ramure (mal placés, entrecroisés, tordus, chétifs ou « déplumés »).

2 Raccourcissez d'un tiers les belles branches venant de fleurir afin d'éviter qu'elles ne s'allongent trop.

3 Raccourcissez de la moitié de leur longueur les jeunes branches vigoureuses qui dépassent de la silhouette de l'arbuste afin qu'elles se ramifient.

La taille des arbustes à floraison printanière n'est pas du tout obligatoire. S'ils constituent une haie libre, par exemple, vous pouvez les laisser à eux-mêmes, mais une taille rapide chaque année permet de leur conserver de jolies proportions.

> Régénérer une haie régulière

Quand la haie semble mitée à la suite d'intempéries, d'un manque de lumière, d'une maladie, d'une forte parasitose ou d'un accident d'entretien, la partie endommagée doit être rapidement remplacée pour que les plants conservent leur équilibre. Déterminez la cause cette détérioration, puis intervenez : arrachez les plants quand ils sont malades et remplacez la terre pour éviter que le reste de la haie ne soit contaminé ; traitez contre les parasites et supprimez les rameaux trop atteints ; remplacez les plants manquants par de gros sujets pour éviter que ceux en place depuis longtemps n'étouffent les nouveaux. Si le problème vient d'un manque de lumière et de mauvaises conditions de culture, effectuez une taille de régénération, qui redonnera de la vigueur à votre haie, et amendez avec du compost bien mûr.

1 Taillez de deux tiers tous les rameaux sur un côté de la ramure, et au-dessus si nécessaire ; vous vous trouverez alors assez près des branches principales. Laissez l'autre côté intact.

2 L'année suivante, taillez de la même façon l'autre côté. Laissez les jeunes pousses du premier côté, vous procéderez à une nouvelle taille de formation l'année d'après.

Certaines haies comportent des topiaires qui, lorsqu'elles ont été longtemps laissées à l'abandon, se trouent et se déforment. Procédez comme vous le feriez pour régénérer une haie classique, en deux ou trois ans selon la forme que vous avez à reconstituer. Pour les boules, réduisez sévèrement le diamètre ou, si les parties endommagées se situent en dessous, taillez droit sur les côtés pour redonner de la lumière aux parties basses. Il sera toujours temps de reformer la boule par la suite.

> Tailler des haies libres

Elle sert plus à conserver des arbustes en bonne santé qu'à influer sur leur silhouette. La taille de formation est importante pour les haies d'ornement (principalement dans les petits espaces) pour que chaque plante occupe sa place sans gêner les autres. Les tailles de régénération s'effectuent sur un tiers de la haie chaque année pendant trois ans. Les plantes de terre de bruyère ne se taillent pas, ou très peu.

1 Taille de formation : sur les persistants et les très jeunes plants, coupez en fin d'hiver un à deux tiers de la longueur des rameaux tout en conservant à l'arbuste sa silhouette générale.

2 Taille de recépage : elle se fait sur les arbustes dégarnis du bas, et régénère aussi les plants touchés par le gel, âgés ou laissés à l'abandon. Coupez toutes les tiges à environ 25 cm du sol.

3 Taille d'entretien : supprimez seulement un tiers de la longueur des nouvelles pousses, ou de toutes les branches une fois que les plantes ont atteint la hauteur et la largeur désirées.

4 Pour certains arbustes touffus, qui fleurissent mieux quand le bois est jeune (kerria) et se régénèrent vigoureusement, il faut tailler chaque année les tiges âgées de deux ans au ras du sol.

> Tailler des haies régulières

Vous effectuerez cette taille au cordeau, avec un gabarit ou à vue si vous avez l'habitude. Chaque plante demande un nombre approprié de tailles par an, selon sa croissance : par exemple, deux ou trois pour le chèvrefeuille, deux pour le charme, une ou deux pour le buis et pour l'if, une pour le troène. Placez une bâche par terre pour récupérer les déchets de coupe, et tirez-la au fur et à mesure de votre progression.

1 Les formes droites se taillent au cordeau. Plantez des piquets et tendez entre eux autant de cordes que nécessaire pour les côtés de la haie, et pour le dessus si elle est taillée en table.

2 Aidez-vous d'un gabarit découpé dans une planche de contreplaqué pour réussir la taille minutieuse des formes particulières. Vous suivrez les contours du gabarit en le déplaçant.

3 Gardez la base de la haie plus large que le sommet, surtout si vos arbustes dépassent les 2 m de haut. Cela amoindrit la prise au vent, et permet au bas de la haie d'avoir assez de lumière.

4 Choisissez les bons outils : cisailles pour les branches, taille-haie électrique pour les grandes longueurs et sécateur pour les topiaires. Portez des gants, et stabilisez bien votre escabeau.

> Tailler les vivaces à floraison estivale

Les vivaces à floraison estivale démarrent tard en saison : les premières feuilles apparaissent en mai, et les tiges florales au cours de l'été. Roses trémières, nepetas, achillées, hostas et gaillardes renouvellent leurs fleurs jusque tard dans la saison et se dessèchent complètement à l'automne. Comme c'est la souche souterraine qui repartira au printemps prochain, il est inutile de conserver ces vilaines tiges brunes.

1 En octobre ou en novembre, coupez au ras du sol toutes les parties fanées ou grillées par le gel à l'aide d'un sécateur.

2 Vous pouvez laisser aussi un « moignon » de tige afin de marquer l'emplacement de la plante : cela vous sera utile lors des travaux d'hiver et de printemps.

Les belles fleurs de Sedum spectabile apparaîssent seulement vers août et ne prennent couleur qu'en arrière-saison, mais elles restent colorées et décoratives jusqu'à Noël au moins ! Ne sacrifiez donc pas ces plantes qui, en compagnie de graminées, offrent un spectacle merveilleux sous le givre. Il sera temps de nettoyer les parties mortes en mars ou en avril pour laisser place à la nouvelle rosette de feuilles.

> Tailler les vivaces à floraison printanière

Les ancolies, les cœurs-de-Marie et les pavots d'Orient, comme toutes les vivaces à floraison printanière, surgissent dès avril-mai et leur floraison s'étale sur quelques semaines. Ensuite les fleurs fanent et le feuillage jaunit, car ces plantes se reposent en été. En général, elles reverdissent un peu en septembre. Selon la terre, le climat et la plante, le feuillage dépérit plus ou moins après la floraison.

1 Si le feuillage reste vert mais que les tiges florales fanées sont inesthétiques, coupez ces dernières à ras en laissant le feuillage resté vert (il permet à la plante de se régénérer).

2 Si l'ensemble du feuillage jaunit, coupez-le proprement, surtout sans arracher la plante. Les vivaces voisines, qui fleurissent plus tard, occuperont la place laissée libre.

Les ancolies et les pavots, pour ne citer que deux plantes, produisent une multitude de graines qui, en se répandant, colonisent parfois les environs, voire tous les coins du jardin. Si vous souhaitez garder la maîtrise de la situation, coupez les fleurs dès qu'elles sont fanées. Dans un jardin un peu sauvage, ces graines gratuites seront au contraire une véritable bénédiction…

> Tailler des rosiers paysagers

Les rosiers paysagers adoptent d'eux-mêmes une forme arbustive. À la différence de ce que l'on fait pour les rosiers-buissons, courants dans les jardins, il ne faut surtout pas les tailler très court. Naturellement vigoureux, ils refleurissent chaque année sans aucune intervention, mais il est cependant souhaitable de les rajeunir tous les deux ou trois ans pour qu'ils restent magnifiques. Effectuez cette taille en mars.

1 Repérez une ou deux vieilles branches ; elles sont reconnaissables à leur bois, dur et foncé. Coupez-les à ras à l'aide d'une petite scie à élaguer (le sécateur n'y suffirait pas).

2 Profitez-en pour aérer la ramure de l'arbuste en supprimant les branches entrecroisées, chétives ou dirigées vers l'intérieur de la touffe.

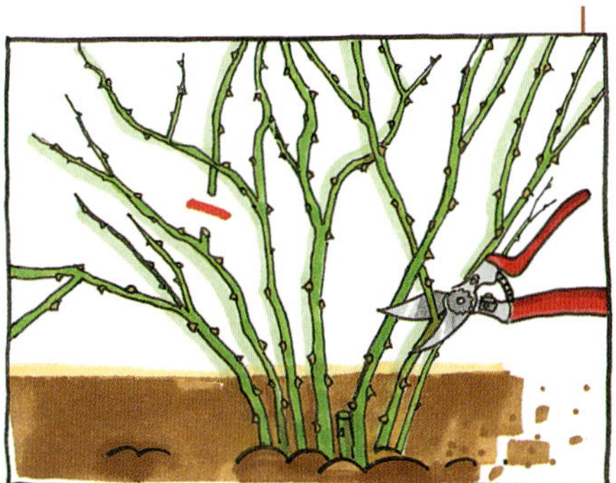

3 Rééquilibrez au besoin la silhouette du rosier en raccourcissant du quart de leur longueur les puissantes tiges non encore ramifiées qui jaillissent depuis la base de la plante.

N'ayez pas la main trop lourde si vous intervenez sur un rosier n'ayant pas été taillé depuis plusieurs années. Commencez par couper une branche, deux au maximum. L'année suivante, de nombreuses nouvelles pousses témoigneront de la renaissance de la plante. Vous pourrez alors supprimer une vieille branche supplémentaire.

> Tailler les rosiers anciens

Les variétés anciennes à floraison unique (en mai-juin) ne se taillent qu'en été. Les rares variétés anciennes remontantes (qui fleurissent tout l'été) se taillent en mars, comme les rosiers modernes, mais moins court. Que le rosier soit grimpant ou arbustif, il s'agit de nettoyer et d'équilibrer sa silhouette, en l'incitant à se ramifier le plus près possible du sol car il a tendance à se dégarnir du pied.

1 Sur les sujets de plus de trois ans, supprimez une ou deux branches ayant fleuri parmi les plus âgées, à leur point de naissance (sol ou petit « tronc »). Ne vous inquiétez pas, elles seront vite remplacées.

2 Éliminez les « fourches », branches qui fleuriraient mal. Supprimez à leur base les rameaux qui partent vers l'intérieur de la touffe ou qui se montrent chétifs, tordus ou blessés par un choc.

3 Vous y voyez plus clair. Dans le cas des variétés arbustives, raccourcissez toutes les branches d'un tiers ou de la moitié. Lorsque deux branches se croisent, choisissez-en une et supprimez l'autre.

4 Dans le cas des variétés grimpantes, rattachez les branches, le plus à l'horizontale possible. Raccourcissez les ramifications secondaires pour ne laisser que trois feuilles ou trois bourgeons.

> Tailler les rosiers-thé

Les rosiers-thé appartiennent à la famille des rosiers buissons à grandes fleurs. Selon les variétés, ils mesurent de 90 cm à 1,2 m de hauteur. Les grands principes de leur taille sont beaucoup plus simples qu'on ne le croit. On parle toujours de « taille à trois yeux » (bourgeons). En fait, cela peut aller jusqu'à cinq si vous aimez les grandes tiges, pour les bouquets.

1 Commencez par nettoyer votre rosier afin de l'aérer et d'y voir plus clair. Coupez à ras le bois mort, que vous reconnaîtrez à sa consistance molle et cassante et à sa couleur brune. Éliminez de la même façon les rameaux chétifs ou tordus.

2 Un peu de courage supplémentaire vous sera nécessaire pour condamner les branches, même belles, qui se dirigent vers l'intérieur de la touffe ou qui se gênent entre elles. N'ayez crainte, elles seraient incapables de donner de belles fleurs.

3 Sur chaque branche restante, comptez trois ou quatre « yeux » (bourgeons non encore développés) à partir de la base. L'œil situé sous la coupe deviendra une branche principale. Coupez en biais afin de protéger le bourgeon de la pluie.

4 Coupez toujours au-dessus d'un « œil » tourné vers l'extérieur, dans la direction que vous souhaitez pour les futures branches. Avec un peu d'attention, vous serez à même de prévoir précisément la conséquence de chaque coupe.

> Tailler orangers du Mexique et osmanthus

L'oranger du Mexique et l'osmanthus adoptent naturellement une silhouette en boule, aussi large que haute, très agréable à l'œil. Ils ne deviennent jamais trop hauts ni envahissants mais, parfois, les plantes voisines peuvent se coucher sur eux ou les étouffer sur les bords. Au bout de quelques années, les plus vieilles branches n'ont plus de feuilles qu'à l'extrémité, aussi penchent-elles dangereusement. Il faut alors intervenir, de préférence après la floraison, en mai-juin. On ne taille en avril que dans le cas où l'arbuste a été abîmé par de très fortes gelées ou par des verglas tardifs.

1 Dégagez les vieilles branches trop longues, couchées au sol. Vous verrez que leur base est dégarnie à l'intérieur, par manque d'air et de lumière.

2 Taillez-les à 50 cm de la base, en ouvrant pour cela la ramure. Coupez à ras les rameaux secondaires dépourvus de feuilles ou qui traînent au sol.

3 Étêtez les branches inélégantes qui jaillissent de la silhouette, normalement en boule. Faites de même pour celles dont les jeunes feuilles auraient été brûlées par le gel.

Pour la décoration, prélevez donc les fleurs avec une très courte partie de branche, puis faites-les flotter dans une coupe ou piquez-les sur de la mousse de fleuriste pour une composition.

> Tailler chalefs et sureaux

Le chalef à feuillage persistant et le sureau à feuillage caduc sont des arbustes qui se développent très bien sans intervention. Ils adoptent naturellement une silhouette arrondie, bien touffue. S'ils dépassent les proportions que vous aviez prévues, n'hésitez pas : taillez-les comme vous le feriez d'une haie (attention quand même à ne pas les ratiboiser !). Offrez-leur le ciseau du coiffeur, entre juin et août de préférence.

1 Utilisez une cisaille à haie pour un travail rapide et aisé. Vous pouvez aussi vous servir de votre sécateur. Raccourcissez ainsi toute la ramure au niveau souhaité.

2 Sectionnez les branches dégarnies, gênantes, mal dirigées ou cassées (très court si vous voulez qu'elles repoussent, ou bien au ras du tronc) à l'aide d'un sécateur ou d'une scie à élaguer.

Si vous êtes amené à couper, à la scie, une branche de plus de 2 centimètres de diamètre, prenez quelques instants supplémentaires pour installer un petit pansement sur la cicatrice, car maladies et parasites aiment à se faufiler par ce chemin. On vend dans le commerce du « goudron de Norvège », traditionnel et écologique, mais de l'argile peut suffire (celle du jardin ou l'argile verte utilisée comme produit cosmétique).

> Tailler la bignone

Fleur de plein été, la bignone se taille en mars. Vous pouvez la laisser à elle-même durant quelques années, mais voici ce qui se produira dans ce cas : la base se dégarnira jusqu'à 2 m de hauteur, les fleurs se feront de plus en plus rares et seront perchées au sommet de pousses menaçant les gouttières…

1 Tout se joue au cours des deux premières années. C'est à vous qu'il incombe de sélectionner les deux ou trois plus belles pousses principales, et de supprimer les autres à ras. Osez, vous ne le regretterez pas !

2 La deuxième et la troisième année, laissez les pousses s'allonger en les guidant d'abord à la verticale, puis à l'horizontale (afin que le nombre de fleurs soit abondant). Vous choisissez ainsi la hauteur de floraison.

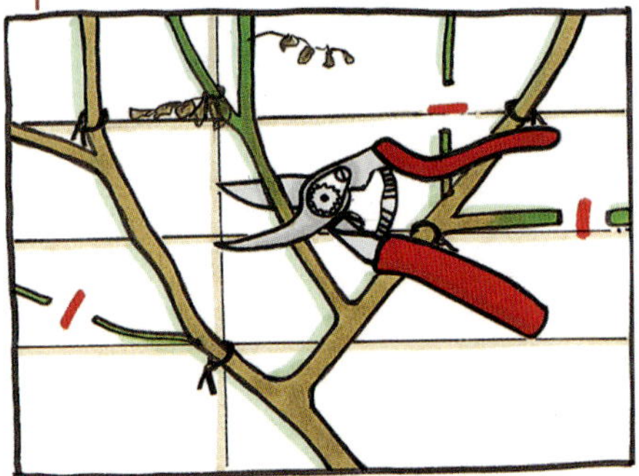

3 Raccourcissez chaque année les ramifications secondaires apparaissant sur ces branches « charpentières », de façon qu'elles produisent continuellement de nouveaux rameaux portant des fleurs.

4 Lorsque la bignone vieillit, il ne faut pas hésiter à supprimer les branches trop âgées. Ne coupez pas plus d'une branche « charpentière »l par année, le plus près possible de la base.

> Tailler la glycine

On peut ne pas tailler une glycine, car cette plante se régénère d'elle-même et fleurit d'année en année, et se contenter de guider les nouveaux rameaux le long de la structure sur laquelle ils s'appuient, arche ou tonnelle par exemple. Mais il devient dans ce cas difficile de maîtriser sa végétation luxuriante.

1 Intervenez en mars. Repérez les pousses secondaires nées l'été précédent (grâce à leur couleur, encore verte). Comptez quatre ou cinq départs de feuilles et coupez au sécateur. Cette taille stimulera la floraison.

2 Pour contenir la croissance d'une glycine, il convient en outre de raccourcir d'un tiers, voire davantage, les longues branches trop vigoureuses : cela les obligera à se ramifier et à fleurir plus rapidement.

3 N'hésitez pas, pour un coup d'œil plus propre, à supprimer à ras les pousses indésirables (mal dirigées, en surnombre ou déformées). Elles ne donneraient de toute façon rien d'intéressant.

4 Chez les glycines âgées de plus de dix ans, procédez à un rajeunissement progressif en coupant tous les trois ans une vieille branche au ras du sol. Rassurez-vous, elle sera vite remplacée.

> Tailler la lavande

Du point de vue de la botanique, la lavande est un véritable arbuste en miniature ; son feuillage, persistant en hiver, la rend très attractive. Malheureusement, si elle n'est pas taillée tous les ans en mars, la lavande finit par former un mini-tronc et de fines branches en bois dur sur lesquelles ne poussent plus ni feuilles ni rameaux. Dégarnie jusqu'à mi-hauteur, la plante rampe alors au sol d'une façon inélégante.

1 Taillez la lavande « en rond » à la cisaille pour reformer une boule compacte, en supprimant jusqu'à un quart (un tiers au maximum) de la longueur des branches et des rameaux.

2 Ensuite — et si cela s'avère nécessaire —, supprimez à l'aide d'un sécateur (ou au moins coupez très court) les branches trop dégarnies ou couchées au sol.

3 En été, tailler les fleurs fanées aide encore la lavande à rester compacte : c'est alors l'occasion de confectionner des petits sachets odorants, que vous glisserez au milieu du linge !

Il est difficile de rattraper une vieille lavande très dégarnie et composée de gros bois dur. Si vous voyez de jeunes bourgeons, donnez-leur une chance de rajeunir la plante en coupant les branches dures juste au-dessus d'eux. Sinon, taillez comme d'habitude et redonnez « un petit coup » après la floraison.

> Tailler la lavatère

La lavatère se taille avec un bon sécateur si l'opération est réalisée chaque année. On la taille pour régénérer ses tiges, très productives lors de la floraison, ainsi que pour lui garder une silhouette compacte, car elle prend vite une forme désordonnée. Si vous préférez qu'elle s'épaississe pendant plusieurs années pour constituer une haie avec d'autres arbustes, effectuez une taille légère, qui la maintiendra en bonne santé. Si vous avez peu de place, rabattez-la au sol, au moins une année sur deux.

1 Pour une taille légère, coupez en automne au ras du sol toutes les tiges malingres, mal placées et sèches. Cela réduira le nombre de tiges improductives, et donnera plus d'espace aux autres. Taillez aussi une ou deux tiges âgées au ras de la souche, pour renouveler les pousses en partie.

2 Pour une taille sévère, rabattez chaque année en fin d'hiver toutes les tiges à 30 centimètres du sol. La coupe doit être bien nette et en biseau pour que l'eau ne stagne pas, ni ne s'infiltre dans la souche. Une plante vivace persistante placée à proximité masquera les tiges coupées le temps de la repousse.

Cet arbuste, qui peut devenir très épais, doit être rabattu chaque année en fin d'hiver pour rester très florifère. Sinon, le feuillage et le bois prennent le pas sur les panicules de fleurs, perchées très haut sur les jeunes tiges. Les fleurs naissant sur les tiges de l'année, plus on laisse le vieux bois plus la floraison se retrouve en haut de la ramure. Ce « défaut » peut être mis à profit quand on veut conduire le buddleia en hauteur, sur un petit tronc. Pour lui conserver un port touffu sans le couper totalement, taillez les branches aux deux tiers et coupez à ras un tiers des tiges anciennes chaque année.

> Tailler chèvrefeuille et jasmin

Chèvrefeuille et jasmin développent la gentille manie d'envahir rapidement gouttières ou plantes voisines en enroulant leurs tiges, de croissance très rapide, entre mai et septembre. Pratiquée souvent, la taille de ces belles plantes est plutôt gratifiante et agréable, mais elle se transforme en cauchemar une fois la broussaille installée ! Taillez une première fois en mars, puis en été.

1 Lors de la plantation (ou lorsque vous reprenez la situation en main), choisissez de deux à six branches parmi les plus belles et les mieux orientées. Disposez-les dans la direction que vous souhaitez qu'elles prennent en poussant.

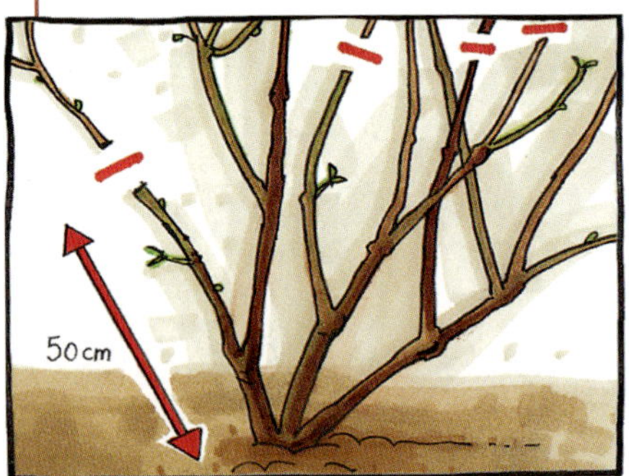

2 En mars, raccourcissez à deux ou trois bourgeons les rameaux secondaires apparus sur ces branches principales. Ce geste permettra d'obtenir une plante touffue, aussi bien pour un manteau de verdure que pour une pergola bien nette.

3 En été, après la première floraison de juin, limitez la longueur des rameaux et des branches à votre convenance. N'hésitez pas à « pincer » (couper l'extrémité) les jeunes pousses qui s'allongent afin de les faire se ramifier.

4 À tout moment, restez vigilant. Taillez à 50 cm de l'endroit sensible les pousses qui menaceraient d'envahir volets ou gouttières ! Faites de même pour les rameaux qui rampent au sol dans la plus joyeuse exubérance.

> Tailler les cognassiers du Japon

Cet arbuste fleurit sur le bois de l'année précédente. Quand on le taille peu, il finit par former un buisson très dense et étalé où le vieux bois forcit ; les branches s'enchevêtrent, et la floraison diminue de plus en plus. Taillez-le tous les ans après lui avoir donné une bonne charpente, et n'hésitez pas, de temps à autre, à supprimer les vieilles branches, ou même à le rabattre entièrement.

1 Éliminez les tiges faibles dès la plantation et coupez les autres juste au-dessus d'un bourgeon sain. Cette taille donnera de la vigueur à l'arbuste.

2 Après la floraison, en avril, coupez les tiges ayant fleuri au-dessus d'un bourgeon, si possible tourné vers l'extérieur, pour aérer la ramure.

3 Au fur et à mesure de la croissance de l'arbuste, éliminez chaque année toutes les branches mal formées et malingres. Tous les trois ans, coupez au ras du sol ou de la tige principale les vieilles branches à raison d'une sur quatre.

4 Si le cognassier est très âgé, rabattez-le pour lui donner de la vigueur : coupez toutes les tiges à environ 15 centimètres de la souche en début de printemps. Il ne fleurira pas la première année, mais développera de nombreuses tiges.

> Tailler le datura

En pleine terre, dans les climats très doux, le datura adopte naturellement une silhouette élancée : plusieurs branches qui partent du sol, garnies de belles cloches retombantes à une hauteur de 2 ou 3 m. En pot, cette tendance est d'autant plus gênante que le manque de lumière, en hiver, fait que le datura s'allonge et se dégarnit encore plus. Il ne faut donc pas hésiter à le tailler, en mars, avant la reprise de la végétation.

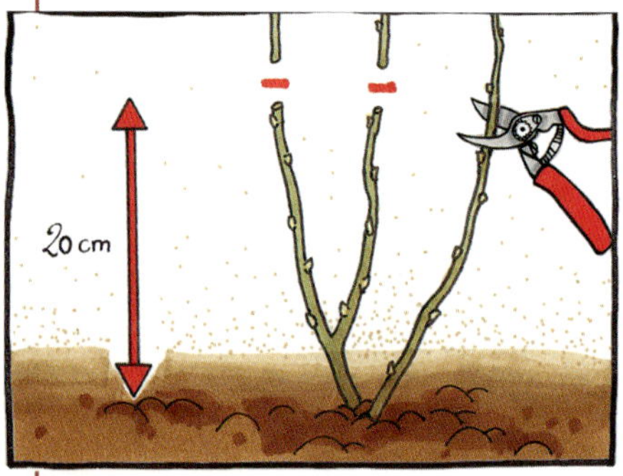

1 Cas d'une jeune plante : votre petit arbuste demeure bien maigrichon. Osez tailler ses branches à cinq bourgeons (renflements visibles même en hiver) depuis la base, soit entre 15 et 25 cm.

2 Cas d'une belle plante adulte : entretenez-la en raccourcissant tous les rameaux ayant fleuri la saison précédente. Comptez quatre ou cinq bourgeons depuis la branche principale, et coupez.

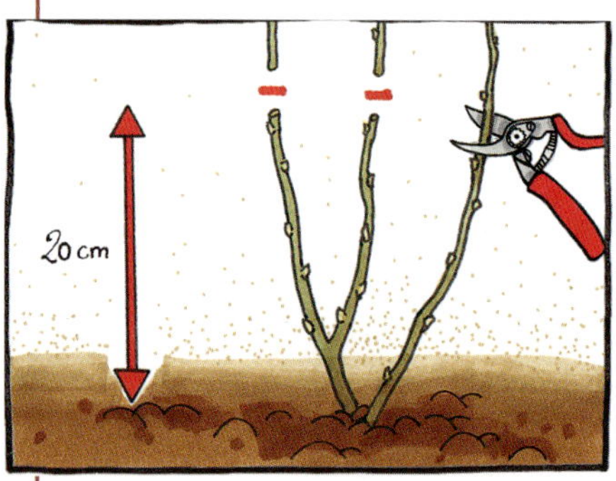

3 Cas d'une plante vieille et dégarnie (après un séjour à l'intérieur), qui fleurit au sommet de branches longues et tordues : il faut absolument tailler. Raccourcissez d'abord toutes les branches, même les plus belles, de moitié.

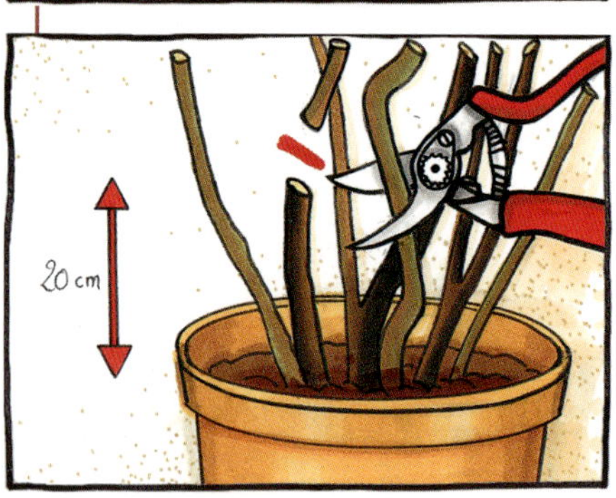

4 Chaque portion de branche va alors se ramifier. Coupez maintenant les branches risquant de s'entrecroiser, et taillez à 20 cm de la base deux ou trois des plus vieilles branches, tordues ou dégarnies. L'arbuste se régénérera ainsi en partie.

> Tailler le lierre

Cette plante envahissante, qui résiste à tout et s'accroche partout grâce à ses racines aériennes, ou crampons, accepte très bien une taille rigoureuse la maintenant dans une forme donnée. On peut même créer des guirlandes de lierre entre des arbres d'alignement : il suffit de laisser pousser des tiges jusqu'à la première fourche des arbres et, ensuite, de les faire retomber pour les conduire d'arbre en arbre, comme des lianes aériennes ; on taillera sévèrement pour contrôler la progression du lierre, et ne pas le laisser monter plus haut dans les arbres.

1 Taillez en guirlandes sur un mur, en conduisant en premier les pousses sur un dessin effectué à l'avance. Taillez en colonnes entre des fenêtres ou sur un mur aveugle, pour créer un trompe-l'œil, et coupez régulièrement les nouvelles pousses indisciplinées.

2 Taillez votre lierre en croisillons pour imiter un treillage. Pour obtenir cet effet, coupez toutes les pousses qui pointent dans les espaces choisis pour être libres. En peu de temps, vous aurez l'impression que la plante est conduite sur un véritable treillage.

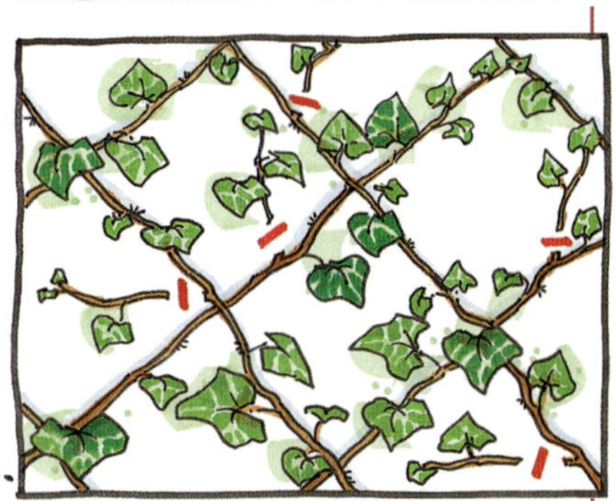

Conduisez quelques pieds de lierre, que vous planterez à environ 60 centimètres de distance les uns des autres, sur votre grillage de clôture. Commencez par attacher en hauteur les tiges au grillage, puis laissez faire la plante, qui va très rapidement coloniser ce nouveau support. L'année suivante, vous aurez déjà une couverture totale, bien que peu épaisse encore, du grillage. Cette haie va s'étoffer rapidement, et vous pourrez ensuite tailler les pousses qui dépassent pour la densifier davantage. Coupez aussi les tiges qui vagabondent en hauteur et par terre, car le lierre se propage autant en grimpant qu'en rampant.

> Tailler lilas, viorne et seringa

Les arbustes les plus vigoureux prennent en quelques années des allures de fourrés inextricables si on ne les discipline pas. En outre, ils fleurissent alors tout en haut de branches interminables. Les tailler est facile et efficace. Intervenez en mai pour le lilas et la viorne, en juin pour le seringa (dès la floraison terminée, en fait).

1 Coupez les branches ayant déjà fleuri (elles demeurent faciles à reconnaître) du quart ou du tiers de leur longueur. Profitez-en pour rééquilibrer la silhouette si nécessaire.

2 Coupez les jeunes rameaux n'ayant encore jamais fleuri sur la moitié de leur longueur. Cela provoquera leur ramification, et donc une floraison plus abondante et une silhouette plus touffue.

3 S'il reste des tiges tordues ou mal placées, se dirigeant par exemple vers l'intérieur de la ramure, n'hésitez pas, coupez-les à ras.

N'hésitez pas à parfumer votre intérieur avec des fleurs coupées de lilas ou de seringa, voire de viorne. Choisissez pour vos vases les tiges tordues, chétives ou mal dirigées, que vous auriez eu à traiter de toute façon au moment de la taille : en un seul geste, offrez ce soin à vos arbustes en même temps que vous vous ferez plaisir avec des bouquets !

> Tailler agrumes et camélias

Comme beaucoup d'arbustes à feuillage persistant, camélias et agrumes ne doivent pas subir de taille sévère, et ce d'autant plus qu'ils ont une croissance lente. Lorsqu'elle est coupée, une grosse branche s'avère le plus souvent incapable de rebourgeonner. C'est donc seulement un léger « coiffage » qu'on pratique, quand la floraison est terminée.

1 Il est important de couper les fleurs du camélia dès leur floraison terminée. Inutile de procéder fleur par fleur : taillez au sécateur ou à la cisaille, « en rond » tout autour de la ramure.

2 Profitez de ce nettoyage pour rectifier les « mèches folles », c'est-à-dire les branches trop longues qui dépareraient la belle silhouette en boule naturelle de l'arbuste.

3 À la suite d'un coup de froid, l'arbuste peut présenter un aspect déséquilibré, avec des branches sans feuilles. Coupez alors les tiges souples les plus longues du tiers ou de la moitié.

4 Épointez les autres pour provoquer l'émission de nouvelles feuilles. Ne coupez des branches de bois dur que lorsque vous êtes absolument certain qu'elles sont mortes.

> Tailler les clématites

Comme toutes les grimpantes, les clématites fleurissent de plus en plus haut au fur et à mesure des années, tout en se dégarnissant de la base et en prenant une allure broussailleuse. C'est pourquoi il faut les tailler tous les ans. Attention : il existe deux types de clématites à grandes fleurs : celles de printemps et celles de plein été.

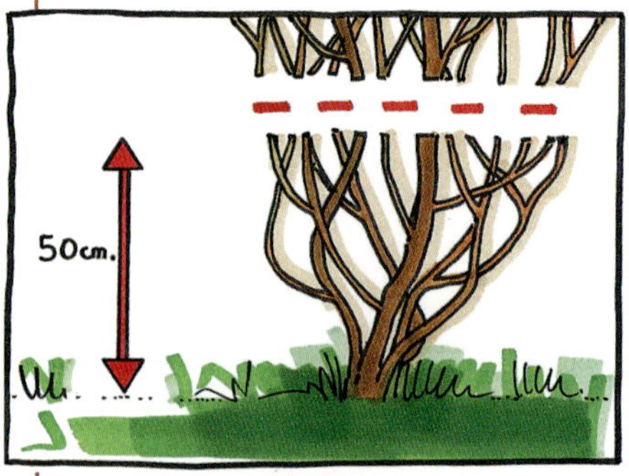

1 Sur les clématites fleurissant de juin-juillet à septembre-octobre, les fleurs apparaissent à l'extrémité des nouvelles pousses du printemps. On taille donc très court les plantes, à 40-50 cm du sol, en février ou début mars. Cela permet d'obtenir de belles plantes touffues et des floraisons exceptionnelles.

2 Les fleurs des clématites s'épanouissant dès mai-juin (notamment les variétés à très grandes fleurs) garnissent les rameaux nés l'été précédent. C'est pourquoi il convient de les tailler plus légèrement, mais juste après leur floraison. Opérer au printemps supprimerait la floraison de l'année !

Vous ne savez pas à quel type appartient votre clématite ? Ne prenez pas de risque : effectuez une taille légère après la première floraison (mai ou juin, selon la variété et le climat). Nettoyez les brindilles sèches, coupez les mèches folles et faites un choix entre les tiges qui se gênent mutuellement. Les années venant, il faut également avoir le courage de supprimer une vieille branche par an, à ras, pour rajeunir la plante. Lorsque vous installez une jeune clématite, osez raccourcir toutes ses tiges de moitié, et ce quelle que soit sa variété. Elle se développera ainsi dès la base, au lieu de se dégarnir rapidement dans sa moitié inférieure. Cette taille supprimera les quelques fleurs qu'elle vous aurait offertes (peut-être) la première année, mais elle en vaut la peine !

> Tailler les hibiscus

Les hibiscus de Syrie fleurissent en été, sur les rameaux qu'ils ont produits durant le printemps précédent, c'est pourquoi on les taille dès le début du mois de mars (attendez cependant une période sans gel intense). Le principe de la taille de l'hibiscus est similaire à celui du rosier. Il ne faut pas craindre de le tailler très court pour obtenir des branches à fleurs. Cela étant, rien n'empêche de laisser un hibiscus libre, mais il devient alors assez encombrant.

1 Raccourcissez toutes les branches situées au-dessus du troisième bourgeon visible à leur base (il faut, en général, couper à environ 50 centimètres du petit tronc).

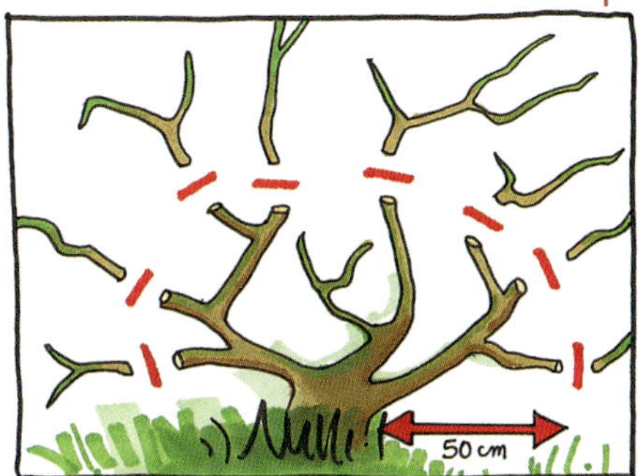

2 S'il reste des petits rameaux mal placés, entrecroisés ou chétifs, supprimez-les à leur base.

• **Le cas des hibiscus-tiges**
Appliquez la même technique de taille pour les élégants hibiscus montés sur tige ; leur « tronc » est seulement beaucoup plus haut. Attention : supprimez dès leur naissance les tiges qui pousseraient sur ce tronc.

• **Le cas des tout jeunes hibiscus**
Un bon pépiniériste vous aura vendu un hibiscus déjà muni d'au moins trois branches. Si vous avez acquis un tout jeune hibiscus constitué d'une longue branche simple, il faudra le tailler à 50 centimètres du sol pour l'obliger à se ramifier. L'année suivante, vous raccourcirez largement les branches ainsi nées pour les inciter à se ramifier à leur tour.

> Tailler les hortensias

Les hortensias peuvent atteindre 2,5 mètres de hauteur. Pour contenir leurs proportions et compenser les effets du gel hivernal, on les taille en avril (pas plus tôt, car les jeunes pousses sont sensibles aux dernières gelées de printemps). Évitez de les tailler trop court : sachez que les branches ayant fleuri ne refleuriront plus, et que ce sont les nouvelles pousses, apparues lors du dernier été, qui le feront.

1 Grâce aux fleurs fanées conservées à l'automne, vous distinguerez facilement les branches ayant déjà fleuri. Coupez à ras de terre celles qui ne se sont pas ramifiées.

2 Certaines des branches ayant fleuri présentent des bourgeons, futures jeunes branches. Coupez les vieilles branches au-dessus (1 centimètre environ) de l'un de ces bourgeons.

3 Veillez à ne pas toucher aux nouveaux rejets vigoureux qui partent du pied de la plante car ce sont eux qui permettent à l'arbuste de se régénérer.

4 Éliminez en revanche, pour une silhouette plus aérée, les brindilles ou les rameaux chétifs, tordus ou mal dirigés (vers l'intérieur, par exemple).

> Tailler l'éléagnus

L'éléagnus à feuillage persistant se développe très bien sans notre intervention. Il adopte naturellement une silhouette arrondie, bien touffue. Très vigoureux, il peut facilement dépasser les proportions que vous aviez prévues. Dans ce cas, n'hésitez pas : taillez-le à volonté, comme vous le feriez d'une haie, mais ne le ratiboisez pas pour autant ! Offrez-lui le ciseau du coiffeur, entre juin et août de préférence.

1 Utilisez une cisaille à haie pour un travail rapide et aisé. Vous pouvez aussi, bien entendu, utiliser votre sécateur. Raccourcissez ainsi toute la ramure au niveau souhaité.

2 Sectionnez les branches dégarnies, gênantes, mal dirigées ou cassées (très court si vous voulez qu'elles repoussent, ou bien au ras du tronc), au sécateur ou avec une petite scie à élaguer.

Si vous êtes amené à couper, à la scie, une branche de plus de 2 cm de diamètre, prenez quelques instants supplémentaires pour offrir un petit pansement à la cicatrice. C'est en effet par ce chemin facile qu'aiment se faufiler maladies et parasites. On vend dans le commerce du « goudron de Norvège », traditionnel et écologique. De l'argile peut suffire, que ce soit celle du jardin ou l'argile verte utilisée en cosmétique.

> Tailler les mahonias

C'est surtout la première année que vous pouvez avoir à tailler votre mahonia, pour éviter qu'il ne pousse tout en longueur sur une seule tige. Ensuite, il se développera naturellement de façon harmonieuse. De cinq à huit ans plus tard, il vous faudra peut-être intervenir de nouveau, généralement pour éviter que ses feuilles — piquantes comme celles du houx — n'encombrent un passage ! Le mahonia a une morphologie particulière : chaque branche est couronnée d'un cercle de feuilles, lui-même surmonté de fleurs. À ce stade, ne touchez à rien.

1 Après la floraison, une jeune pousse apparaît au centre de la couronne de feuilles. Coupez (étêtez) cette pousse pour permettre à l'arbuste de se ramifier.

2 Les nouvelles branches produiront une couronne de feuilles supplémentaire chaque année. Si une branche s'allonge trop, étêtez-la à son tour pour qu'elle se ramifie.

Le mahonia fleurit en plein hiver. On a donc envie de profiter de son délicieux parfum dans la maison. Faites de petits bouquets, que vous placerez dans des vases miniatures ou dans des gobelets. Veillez à ne couper que la tige portant les fleurs, jamais les parties comportant des feuilles.

> Tailler prunus et cerisiers

Les cerisiers du Japon et autres pommiers à fleurs sont les premiers arbres à tailler, dès novembre. La coupe de grosses branches risquant de provoquer des écoulements de gomme, intervenez légèrement chaque année plutôt qu'une fois de temps en temps mais de façon radicale. Le but est de conserver à ces petits arbres une silhouette régulière et une ramure bien aérée, tout en maîtrisant leur croissance.

1 Écourtez du quart de leur longueur les jeunes pousses vigoureuses qui déséquilibrent la silhouette. Cela les obligera à se ramifier. La ramure conservera ainsi son bel aspect « en boule ».

2 Supprimez les nouvelles pousses se dirigeant vers l'intérieur de la ramure. Dans le cas de deux branches qui s'entrecroisent, conservez la plus belle ou la mieux dirigée et ôtez l'autre.

3 Sur les sujets menés sur tige, coupez à leur base les pousses mal situées sur le tronc. Ces « gourmands » feraient reprendre au petit arbre un port arbustif, non désiré dans ce cas.

4 Enlevez enfin soigneusement toutes les brindilles séchées et les rameaux abîmés. Ce n'est pas une coquetterie, car le bois mort ou malade favorise champignons aussi bien que maladies.

> Tailler weigelias et seringas

Le weigelia et le seringa sont les exemples mêmes des arbustes qu'on n'a pas besoin de tailler pour qu'ils fleurissent abondamment chaque année. Il est toutefois souhaitable de les rafraîchir tous les ans ou presque par petites touches : c'est la solution qui donnera le résultat le plus harmonieux et qui évitera aux arbustes de devenir broussailleux et inélégants en prenant de l'âge. Procédez juste après la floraison.

1 Repérez les vieilles branches, au bois foncé et fissuré, le plus souvent si lourdes qu'elles traînent au sol ou penchent dangereusement. Élaguez-les à 30 centimètres du sol.

2 Rééquilibrez la silhouette de l'arbuste en raccourcissant d'un quart ou d'un tiers de leur longueur les jeunes branches vigoureuses afin qu'elles se ramifient.

Les fleurs délicieusement parfumées du seringa composent d'adorables petits bouquets. Ne vous en privez surtout pas, et faites d'une pierre deux coups en taillant votre arbuste en pleine floraison.
Prélevez sur les vieilles branches coupées toutes les tendres tiges porteuses de fleurs. Attention : les branches épaisses ne savent pas boire l'eau du vase.
Les jeunes pousses à raccourcir portent parfois des fleurs à leur extrémité. Taillez-les donc comme prévu et récupérez les fleurs.

> Tailler rhododendrons et azalées

Rhododendrons et azalées n'ont pas sitôt fini de fleurir qu'ils préparent leurs boutons à fleurs de l'année suivante. Couper les fleurs fanées évite à la plante de se consacrer à la formation de graines dans l'ovaire des fleurs, ce qui la fatiguerait inutilement. Vous saurez que le moment pour procéder à cette opération est arrivé lorsque les dernières fleurs seront fanées, en mai ou en juin.

1 Il faut bien sûr couper la fleur sous l'ovaire et ne pas se contenter d'enlever les pétales ! Ces derniers se trouvent en effet répartis autour de l'ovaire contenant les futures graines.

2 Attention, couper tout le bouquet floral comme on le fait pour les rosiers s'avérerait meurtrier pour la floraison de l'année suivante, car les nouveaux boutons sortent juste sous les anciens.

3 Une seule solution : procéder fleur par fleur, délicatement, au sécateur ou avec les ongles. Vous apprendrez vite à reconnaître du premier coup d'œil les bourgeons devant être épargnés.

Certains spécialistes sont contre cette taille des fleurs fanées dans les régions où l'hiver est rude, tardif ou encore irrégulier. Ils ont en effet remarqué que les fleurs fanées protégeaient les futurs boutons du froid et des intempéries.

FERTILISER ET SOIGNER

Avoir une bonne terre 112
Préparer et améliorer la terre 113
Biner et enrichir 114
Nourrir les plantes 115
Apporter compost et engrais 116
Effectuer un traitement préventif 117
Reconnaître parasites et maladies 118
Éviter les maladies 119
Combattre les parasites 120
Éliminer les petits insectes nuisibles 121
Lutter contre limaces et escargots 122
Lutter contre les pucerons 123

> Avoir une bonne terre

Si les plantes sélectionnées ici ne demandent pas d'apport d'engrais, il n'en reste pas moins vrai qu'une terre s'entretient, surtout si elle est pauvre. Pour éviter qu'elle ne s'épuise, on lui apporte chaque année, au printemps ou en fin d'automne, de quoi la régénérer. Mieux que les engrais, les composts apportent des éléments nutritifs, mais aussi l'indispensable humus. De plus, ils améliorent la structure du sol.

1 Dispersez régulièrement le compost au pied des plantes. Recouvrez les zones de terre apparentes disponibles dans les massifs. Entourez le pied des arbustes sur au moins 50 centimètres.

2 Griffez la terre à l'aide d'une griffe à trois dents ou, si elle est très compacte, aérez-la à l'aide d'une fourche à bêcher. Cela permettra au compost de se mêler à la terre.

Ne confondez pas terreau et compost : le terreau contient surtout de la tourbe, parfois de l'argile, et il n'enrichit pas le sol ; le compost du commerce contient généralement des fumiers de ferme, des algues et différents végétaux compostés, c'est-à-dire décomposés selon leur processus naturel. Respectez la dose prescrite sur l'emballage car certains composts sont assez concentrés. Vous pouvez aussi faire votre propre compost, dans un coin du jardin, avec tous vos déchets végétaux.

> Préparer et améliorer la terre

La première étape de votre travail au jardin consiste à préparer soigneusement le terrain avant la plantation. Dans une zone qui reste en permanence à l'ombre et qui n'a pas reçu de végétation depuis longtemps, le sol risque d'être dur et compact, peu propice à l'installation de plantes, d'arbres ou d'arbustes. Améliorez-le pour qu'il soit meuble, non tassé. Il doit aussi être bien drainé pour ne pas rester gorgé d'eau.

1 Allégez le sol en mélangeant à la terre d'origine du sable ou de la tourbe, et enrichissez-le avec un apport de compost organique. Ces produits sont utilisables même en agriculture biologique.

2 Bêchez le sol à l'emplacement prévu pour vos plantations, à l'aide d'une bêche ou, si la terre est difficile à travailler, d'une fourche-bêche. Il n'est pas utile de l'ameublir profondément.

3 L'utilisation d'un motoculteur vous permettra de faire plus facilement ce travail d'ameublissement. Il existe des machines de petite taille, suffisantes pour un espace restreint.

4 Égalisez le sol à l'aide d'un râteau. Le voici prêt à recevoir vos plantations. Les trous à creuser seront plus ou moins importants selon la taille des plantes ou des arbustes prévus.

> Biner et enrichir

Même les plantes increvables ont besoin d'un sol bien aéré et régulièrement régénéré. Elles pousseront ainsi plus vite et seront encore plus vigoureuses. Dans les jardins de campagne ou dans les endroits peu accessibles, essayez de le faire une fois par an, juste après le nettoyage général des plantes. Sinon, préparez-leur au moins les meilleures conditions au départ ; vous laisserez les plantes se débrouiller seules ensuite.

1 Passez la binette entre les touffes de vivaces et sous les arbustes pour casser la croûte de surface. Procédez par petits coups pour éviter de blesser les racines de surface ou la souche.

2 Ce binage permettra aussi d'ôter les mauvaises herbes. Un désherbage annuel est nécessaire au printemps, quand les feuillages ne sont pas assez denses pour étouffer les mauvaises herbes.

3 En fin d'automne, répandez du compost bien décomposé ou du fumier dans les massifs, sur la terre nue, entre les touffes et autour des arbustes. Cet apport va nourrir le sol, puis les plantes.

4 Griffez au printemps suivant pour que cet engrais organique (compost ou fumier) s'intègre bien à la terre du massif, et arrosez au moins une fois pour aider au démarrage de la végétation.

> Nourrir les plantes

Nourrir les plantes revient à bien nourrir le sol du jardin. Un sol riche donnera assez d'éléments nutritifs aux racines qui, elles-mêmes, permettront une croissance rapide des végétaux. Apportez de la matière organique (compost bien décomposé) plutôt que de l'engrais soluble, qui ferait pousser vite la plante sans permettre au sol de se régénérer ; de plus, trop d'engrais chimique azoté attire les parasites.

1 Épandez en automne une bonne couche de compost autour des pieds des arbres et des arbustes. Si vous opérez en début de printemps, mélangez le compost à la terre de surface en griffant celle-ci.

2 Incorporez un engrais organique à diffusion lente à la terre du fond, ajoutez une pelletée de compost et recouvrez d'une pelletée de terre avant d'installer la plante. Arrosez copieusement.

3 Faites des trous tout autour de l'arbre ou de l'arbuste, à l'aplomb de la ramure pour ne pas toucher les racines. Creusez la terre sur 30 à 50 centimètres à l'aide d'un plantoir à bulbes.

4 Versez l'engrais dans les trous, rebouchez avec un peu de terre et arrosez. Cette technique permet également d'aérer le sol s'il a tendance à s'engorger ; dans ce cas, rebouchez avec du sable.

> Apporter compost et engrais

Chaque année en fin d'hiver, moment du redémarrage de la végétation, il est bon d'apporter une réserve de nourriture. Le compost « fait maison » ou acheté en sacs est excellent. Il reconstitue progressivement la richesse du sol. Dans les terres pauvres, complétez cet apport avec un engrais pour arbustes à fleurs en granulés. Facile à assimiler par les racines, ce dernier contient exactement les éléments nutritifs nécessaires à une floraison généreuse. Vous avez le choix entre les produits de synthèse et les engrais biologiques, composés de matières organiques et minérales naturelles.

1 Épandez régulièrement le compost ou les granulés, sans dépasser la dose indiquée sur le sac. Couvrez la surface correspondant à l'aplomb des branches autour du pied des arbustes ou, dans un massif, la terre restée apparente entre les plantes.

2 Ne laissez pas engrais et compost à la surface : faites-les pénétrer légèrement en ameublissant la terre à l'aide d'une fourche à bêcher, d'un croc ou d'un aérateur. Ce geste permettra en outre d'oxygéner les racines en cassant la croûte formée par les intempéries.

Le compost ressemble à du terreau. Contrairement à ce dernier, il ne doit cependant pas être utilisé pur, car il est trop riche. Il provient de la décomposition de déchets végétaux, et contient de l'humus en plus d'éléments nutritifs. Il améliore la structure du sol, allégeant les terres trop lourdes et donnant de la consistance aux terres trop légères. Il favorise la vie des micro-organismes qui digèrent les menus déchets pour les rejeter sous une forme assimilable par les racines. L'engrais, lui, qu'il soit d'origine naturelle ou chimique, est composé d'éléments nutritifs déjà prêts à être assimilés par les plantes.

> Effectuer un traitement préventif

Si elles sont rarement mortelles, les maladies cryptogamiques (champignons de la rouille, du marsonia…) rendent les plantes si affreuses à la vue que leurs fleurs, toujours présentes, ne suffisent pas à compenser. Le seul traitement vraiment efficace est préventif et sans danger pour l'environnement. Effectuez-le sur les rosiers et autres plantes ayant déjà présenté des symptômes en mars, puis à la chute des feuilles, en octobre-novembre.

1 Symptômes de la rouille : des pustules orange apparaissent petit à petit au revers des feuilles (les taches sont jaunes sur l'endroit), qui sèchent alors et tombent prématurément.

2 Symptômes du marsonia : des taches noires rondes apparaissent sur les feuilles, qui jaunissent, se dessèchent et tombent prématurément, parfois dès août. Le rosier s'épuise et ne fleurit plus.

3 Traitement préventif : pulvérisez de la bouillie bordelaise au moment de la chute des feuilles (octobre-novembre), puis recommencez cette opération en mars ; réitérez 15 jours plus tard dans les deux cas.

4 Traitement curatif : si le traitement préventif n'a pu être fait ou s'il n'a pas suffi, pulvérisez un fongicide à base de propiconazole. Ne taillez pas les parties atteintes avant l'automne : la plante a encore besoin d'elles.

> Reconnaître parasites et maladies

Les plantes en pot ne sont pas à l'abri des maladies et des parasites. Sur un balcon, les problèmes qu'ils causent peuvent d'ailleurs prendre encore plus d'ampleur qu'au jardin. Il faut donc se montrer vigilant, et jeter un coup d'œil attentif au moment des arrosages ou lorsqu'on ôte les fleurs fanées pour repérer les symptômes d'une attaque. Plus tôt le problème sera identifié, plus facilement et plus rapidement il pourra être résolu.

1 Les pucerons (verts, noirs, gris ou bruns) s'agglutinent en colonies en haut des tiges, sur les boutons ou les jeunes pousses. Les feuilles se crispent, et la plante ralentit sa croissance.

2 Les acariens sont de minuscules araignées rouges, jaunes ou brunes. Des fines toiles peuvent être repérées entre les rameaux, et leurs morsures provoquent une décoloration des feuilles.

3 L'oïdium, ou « blanc », est la maladie la plus couramment rencontrée. Ce champignon forme des taches blanches et poudreuses sur les feuilles, qui finissent également par se crisper.

4 Les taches brunes ou noires qui apparaissent sur les feuilles sont dues à des champignons, qui se développent surtout lorsque le temps est pluvieux et que l'eau stagne au niveau des racines.

> Éviter les maladies

Les champignons microscopiques qui provoquent les maladies des plantes se développent plus facilement dans certaines conditions. Lorsque celles-ci sont réunies, il faut redoubler de vigilance (il est plus facile de prévenir que de guérir). Certaines espèces et variétés de plantes sont plus sensibles que d'autres. Les guides de jardinage et les bons vendeurs (ou votre expérience) vous permettront de les repérer.

1 Feuilles mortes, déchets végétaux, branches cassées, fruits au sol sont autant d'endroits propices au développement des parasites. Éliminez toujours ces déchets, et si possible brûlez-les.

2 Si vous savez la plante sensible, traitez-la entièrement avec un fongicide appliqué au pulvérisateur. N'utilisez que des produits autorisés pour le jardin, et respectez les doses indiquées.

3 Faites un traitement d'hiver sur les arbres et brossez bien les troncs. Vous éliminerez ainsi, pendant le repos de végétation, tous les germes de maladies et toutes les larves de parasites.

4 Veillez à toujours pratiquer des tailles nettes, à l'aide d'un sécateur désinfecté et bien aiguisé. Les petites plaies provoquées peuvent être une porte ouverte aux spores de champignons.

> Combattre les parasites

Les situations à l'ombre sont souvent propices au développement des parasites, limaces, acariens ou insectes, qui affectionnent les conditions sombres et humides. Surveillez leur apparition en inspectant régulièrement les différentes parties des plantes, et notamment celles qui ne se voient pas, comme le dessous des feuilles. Les parasites ont tôt fait d'épuiser la plante, d'abîmer ses feuilles et, éventuellement, de lui transmettre des maladies.

1 Épandez des granulés anti-limaces au pied des plantes à protéger. Certaines, comme les hostas, sont appréciées de ces mollusques, qui ont vite fait de transformer leurs feuilles en dentelle !

2 Si quelques jeunes pousses seulement sont envahies par des pucerons, il peut être suffisant de les supprimer d'un coup de sécateur. Surveillez néanmoins de près leur éventuel retour.

3 En cas d'attaque importante, traitez immédiatement la plante avec un insecticide. Appliquez le produit au pulvérisateur sur les parties envahies : tiges, dessous et dessus des feuilles.

4 Une bande de glu placée autour d'un tronc à 1 mètre de hauteur empêche les insectes d'y grimper (les fourmis, qui font des élevages de pucerons, sont souvent la cause de leur pullulement).

> Éliminer les petits insectes nuisibles

Les feuilles crispées ou décolorées ne reprendront pas leur forme ou leur couleur initiale, mais il faut néanmoins éliminer insectes et acariens parasites. La plante sera alors préservée, et elle restera à l'abri de nouvelles attaques si des traitements sont faits régulièrement. Les parasites ne sont pas seulement gênants par eux-mêmes : ils peuvent aussi transmettre des maladies à virus, lesquelles entraîneront des dégâts beaucoup plus graves.

1 Taillez avec un sécateur les branches infestées de colonies de pucerons ou de cochenilles. Protégez-vous les mains avec des gants et enlevez les chenilles repérées sur les feuilles.

2 Pulvérisez un insecticide ou un produit traitant total en aérosol. Restez à 40 centimètres au minimum des feuilles de la plante à cause du froid provoqué par la détente du gaz sous pression.

3 Les petits pulvérisateurs d'insecticides prêts à l'emploi ont le même usage que les aérosols. Dirigez bien le jet sur les colonies de parasites, sans oublier le dessous des feuilles.

4 Doucher les plantes peut les débarrasser en partie de certains parasites, surtout si les feuilles sont brillantes et coriaces. Il faut en revanche éviter de mouiller les feuilles duveteuses.

> Lutter contre limaces et escargots

Limaces et escargots peuvent anéantir un jeune semis en une nuit. Ils sont également redoutables pour certaines vivaces au printemps. Leurs mets préférés : les hostas, les annuelles et les bisannuelles en général, mais aussi, parfois, les feuillages d'iris et de tulipes. Ils ne s'attaquent pas aux feuillages velus ni, du moins sous nos climats, aux arbres et aux arbustes.

1 Symptômes : les feuilles sont croquées sur le pourtour, parfois déchirées ou dévorées (seules les nervures demeurent). Des traces de bave signent le forfait des gastéropodes.

2 Responsables : la grosse limace rouge, ou « loche » ; la limace grise (de 0,5 à 2 cm), d'une voracité inouïe ; l'escargot, qui se réfugie sous les feuilles ou dans l'ombre des pierres.

3 Traitement : piégez les escargots sous des tuiles et les limaces dans des bols de bière. En cas d'attaque massive, épandez des granulés bleus au métaldéhyde. Le produit peut être dangereux pour les oiseaux, les hérissons, les chiens ou les chats.

4 Prévention : vérifiez l'intérieur des bordures et des murets de pierres au printemps ; exposez au soleil les œufs transparents remarqués lors du travail du sol ; favorisez merles et grives ; protégez les zones sensibles avec des cercles de sciure ou de cendre.

> Lutter contre les pucerons

Les pucerons affaiblissent les plantes. Ils aiment particulièrement sucer la sève des jeunes pousses, qui ne peuvent alors plus se développer convenablement. Dans le cas des rosiers, ils peuvent aussi empêcher les boutons floraux de s'ouvrir. En faible nombre, les pucerons seraient presque inoffensifs, mais ils se multiplient malheureusement à une vitesse vertigineuse. Il faut donc intervenir rapidement.

1 Symptôme : les colonies de pucerons sont bien visibles sur les pousses, sur les bourgeons, sur les jeunes feuilles (qui deviennent poisseuses et s'enroulent ou se crispent) ou sur les boutons à fleurs.

2 Responsables : les pucerons, qu'ils soient noirs, verts, bruns ou « lanigères ». Les mères ont des ailes pour voler au printemps et en été, les pucerons eux-mêmes en sont dépourvus.

3 Traitement : dès les premières attaques, pulvérisez un insecticide « doux » et « bio » à base de roténone ; si cela ne suffit pas, prenez un insecticide systémique à base de thiométhon, de deltaméthrine ou de formothion.

4 Prévention : épargnez et préservez les coccinelles et les mouches syrphes, qui dévorent les pucerons. Évitez l'excès d'engrais. Envoyez un fort jet d'eau dans la ramure pour faire tomber les insectes et poudrez à la cendre.

AMÉNAGER

Choisir ses arbustes	126
Repérer l'exposition	127
Composer une jardinière pour l'ombre	128
Dessiner un massif à l'ombre	129
Habiller une façade exposée au nord	130
Faire les bonnes associations de plantes pour l'ombre	131
Créer une haie brise-vent	132
Aménager un passage pour l'entretien	133
Créer une petite rocaille	134
Créer des massifs	135
Habiller un muret	136
Aménager un coin parfumé	137
Habiller les arbres	138
Composer une haie régulière	139
Composer une haie libre	140
Faire un mini-jardin aquatique	141

> Choisir ses arbustes

Estimez votre budget à l'avance, car le prix d'un arbuste dépend de sa hauteur. Les jeunes plants reprennent plus vite, mais la haie met plus longtemps pour arriver à maturité. Vérifiez à l'achat l'état général de la plante : si ses racines sont en chignon, elle a manqué d'éléments nutritifs ; si la motte se casse au tiers, la plante n'a pas été élevée dans son conteneur. Il ne vous reste plus qu'à en choisir une autre...

1 Inclinez le pot et dépotez doucement la plante, en la maintenant par la tige principale, pour voir les racines. Des racines nues doivent être longues et saines, et avoir des radicelles.

2 Si la ramure est tournée d'un seul côté, plantez en exposant l'autre côté au soleil ; si elle est penchée, n'achetez pas cet arbuste car vous devrez le tailler pour le rééquilibrer.

3 Un feuillage sain garantit de bonnes conditions de culture. Évitez les arbustes à feuilles tachées, sèches ou recroquevillées sur elles-mêmes, qui sont signes de maladie ou de parasites.

4 Pour avoir une haie bien garnie en partie basse, avec des arbustes équilibrés et touffus, choisissez ceux dont les branches principales comportent de nombreuses ramifications.

> Repérer l'exposition

Les plantes de plein soleil restent naines ou ne fleurissent pas à l'ombre, et les plantes d'ombre ne supportent pas les rayons directs, qui dessèchent leur feuillage et le sol. Vous devrez donc disposer vos plantes de façon qu'elles soient exposées selon leurs besoins. Pour cela, repérez tout au long de la journée les zones qui bénéficient d'au moins six heures d'ensoleillement, les zones bien éclairées (même si le soleil ne donne pas directement dessus) et celles qui sont continuellement dans l'ombre. Pensez que les haies agissent comme des murs et créent une ombre portée tout aussi dense. Marquez au sol ces différentes zones à l'aide de tuteurs ou de cordes, et installez vos plantes en vous aidant de ces repères.

1 Sous les arbres, placez des couvre-sols acceptant l'ombre épaisse et peu de terre : ils pousseront plus vite et seront en meilleure santé qu'une pelouse. Relevez l'ombre portée autour des arbres aux différentes heures de la journée pour savoir où et quoi planter.

2 Les bâtiments et les clôtures créent de façon permanente des ombres à leur pied. Plantez donc à cet endroit des végétaux acceptant ces conditions, et installez les plantes gourmandes de lumière le plus près possible de la bordure extérieure du massif.

Entourés d'immeubles, les jardins de ville souffrent du manque de luminosité. Choisissez donc des plantes très robustes aimant l'ombre ou indifférentes à l'exposition, comme l'aucuba, le mahonia, l'hosta, les fougères. En couvre-sol, choisissez osarum, barbe de bouc (Aruncus), épimède, pachysandra, bergénia ou pervenche ; pour les plantes fleuries, arum, anémone du Japon, alchemille, Geranium phaeum, heuchère, saxifrages, certaines euphorbes, hellébores, fuchsia, hémérocalles, fumeterre, myosotis du Caucase, astilbes et autres plantes de sous-bois.

> Composer une jardinière pour l'ombre

Fleurir les balcons et les rebords de fenêtre ne doit pas être réservé aux seules expositions ensoleillées. Il est également possible d'apporter de la couleur aux endroits qui restent à l'ombre — même en permanence — en y acclimatant des végétaux choisis avec soin. Veillez à acheter des jardinières assez profondes, et vérifiez qu'elles sont bien percées au fond pour assurer une bonne évacuation de l'eau en surplus afin que les racines ne pourrissent pas.

1 Installez toujours une couche de drainage au fond de chaque jardinière, avec des billes d'argile expansée, des petits cailloux ou, tout simplement, des morceaux de pots de terre cuite cassés.

2 Posez sur cette couche une feuille de non-tissé ou un grillage très fin, et remplissez avec un bon terreau léger pour pots et jardinières. Ajoutez éventuellement une poignée de sable.

3 Choisissez deux ou trois espèces par jardinière parmi nos meilleures plantes d'ombre, avec des hauteurs et des feuillages différents. Vous renouvellerez chaque année les plantes fleuries.

4 Arrosez bien au moment de la plantation, puis sans excès : la terre s'assèche moins vite à l'ombre qu'au soleil, et les excès d'eau sont toujours plus néfastes que les manques provisoires.

> Dessiner un massif à l'ombre

Alors que le choix des plantes disponibles pour aménager un emplacement recevant ne serait-ce que quelques heures de soleil par jour est pratiquement infini, il est beaucoup plus difficile de sélectionner un assortiment de plantes qui poussent sans problème en ne disposant que d'un minimum de lumière. Pour garnir ce type d'endroits, choisissez parmi nos meilleures plantes d'ombre, qui sont des végétaux couramment cultivés.

1 Sélectionnez un assortiment de plantes ayant les mêmes besoins. Considérez que certaines supportent quelques heures d'ombre par jour, tandis que d'autres peuvent rester complètement à l'ombre.

2 Faites un plan de votre jardin, à l'échelle, en prévoyant l'emplacement des différentes plantes retenues. Tenez compte de la hauteur qu'adoptera chaque espèce une fois bien développée.

3 Reportez votre plan sur le terrain, et plantez aux endroits prévus. N'oubliez pas allées et passages, qui vous permettront d'accéder facilement aux plantes afin d'assurer leur entretien.

Évitez trop de feuillages vert sombre, et prévoyez des verts plus clairs, des feuillages rouges, des plantes qui fleurissent. Cette diversité vous permettra de donner de la lumière à votre massif.

> Habiller une façade exposée au nord

Voici un endroit très difficile à habiller de végétaux : il y fait plus froid et plus sombre que sur les autres façades de la maison, et l'humidité y est beaucoup plus importante. En choisissant des espèces supportant l'ombre, vous pourrez pourtant agrémenter ce mur, car l'exposition nord a également des avantages : la température, par exemple, y est assez constante. C'est intéressant pour les végétaux à feuilles persistantes et pour ceux qui fleurissent en hiver.

1 Nettoyez le sol au pied du mur en désherbant et en retirant cailloux et autres débris. Bêchez sur une vingtaine de centimètres de profondeur avant d'incorporer un amendement organique.

2 Posez un treillage sur le mur si vous voulez y faire monter une plante grimpante (akébie, etc.). Certaines plantes, comme le lierre, n'ont pas besoin de support car elles s'accrochent seules.

3 Constituez au fond du trou une couche de drainage avec des gros cailloux, et plantez les arbustes légèrement en biais, en éloignant un peu plus du mur le bas de la motte que le haut.

4 Arrosez abondamment au pied de la plante au moment de son installation. Ensuite, n'arrosez que si le rebord du toit empêche l'eau de pluie d'irriguer les racines, ou en cas de sécheresse.

> Faire les bonnes associations de plantes pour l'ombre

Prévoyez d'assortir espèces et variétés se complétant harmonieusement. Ces plantes doivent avoir les mêmes besoins, en eau d'arrosage notamment. Prévoyez aussi des petites plantes qui ne fleuriront peut-être que quelques semaines, mais donneront de la couleur aux arbustes.

1 Ne pratiquez pas un échantillonnage de plantes différentes pour le plaisir de la diversité. Prévoyez au moins trois pieds d'une même variété pour que celle-ci s'installe de façon significative.

2 Les bulbes se plantent plusieurs mois avant leur floraison. Associez-les dans un massif avec d'autres petites plantes afin d'occuper le terrain. Installez d'abord les plantes, puis les bulbes.

3 Les petites annuelles permettent de fleurir les massifs situés à l'ombre et de donner de la couleur aux plantes vivaces qui ne sont décoratives que par leurs feuilles, comme les fougères.

4 Tenez toujours compte de la hauteur que prendront les plantes : prévoyez d'installer les plus grandes derrière et les plus petites devant afin de profiter d'elles toutes, dans leur ensemble.

> Créer une haie brise-vent

Le vent perd de sa force en passant à travers des feuillages touffus mais légers. Un rang peut suffire mais deux sont recommandés, et vous serez encore mieux protégé si votre haie est double et qu'elle conserve des ouvertures en chicane. Évitez en revanche les haies très compactes, car elles produisent le même effet qu'un mur : le vent passe au-dessus et crée des tourbillons derrière.

1 Bambous et tamaris constitueront une haie simple et homogène si vous n'avez que peu de place. Leur feuillage fin, porté par de nombreuses tiges, est idéal pour atténuer les courants d'air.

2 Pour une haie raffinée et décorative, alternez deux types d'arbustes de hauteurs différentes. Vous pouvez intercaler persistants et caducs, ou arbustes de diverses couleurs.

3 Une haie double assure une protection maximale : plantez de grands arbustes à l'arrière puis, 2 m devant, des moyens et des petits. Le vent sera ainsi également filtré à la base.

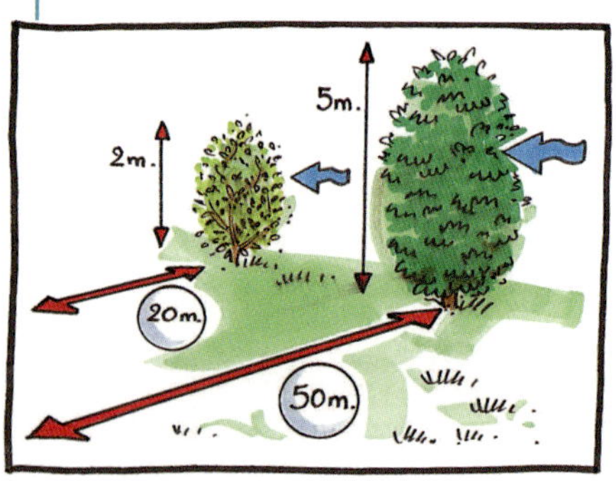

4 La hauteur de la haie joue sur la distance protégée : des arbustes de 1,5 m filtrent l'air sur 10 m environ ; à 2 m de haut, ils protègent sur 20 m, et de 4 à 6 m de haut, sur 50 m.

> Aménager un passage pour l'entretien

Prévoir la place pour circuler entre les massifs et la haie, ainsi qu'un véritable passage entre la haie et la clôture, surtout si celle-ci est haute, facilite grandement l'entretien. Que ce soit pour la taille, le binage, le paillage ou l'apport d'engrais, ces passages simplifient la vie. Et si vous avez des animaux familiers, ils pourront s'approprier cet espace pour courir le long de la clôture sans abîmer les plantes.

1 Posez deux rangées de briques (en terrain sableux) ou de pierres plates (en terrain plus lourd) entre la haie et les massifs situés devant. Ce passage se verra très peu car il sera vite masqué par les feuillages. Un paillage épais, en écorces par exemple, peut tenir le même rôle. Plantez vos massifs à 50 cm au moins du pied de la haie.

2 Laissez une bande de terre de 50 cm entre la clôture et la haie ; comptez à partir de la ramure et non du pied des arbustes, ce qui fera une distance de 80 cm à 1 m pour une haie de petits végétaux, et de 1,2 à 1,5 m pour une haie d'arbustes de taille moyenne. Épandez dessus une couche de sable grossier (de 5 à 10 cm) ou de paillis.

Avec une plantation en ligne, la largeur de la haie dépend de sa hauteur. Il faut donc prendre cette largeur en compte pour situer la haie, non seulement par rapport à la limite du jardin mais aussi par rapport aux autres plantations (des végétaux de plus de 2 m feront entre 80 cm et 1,2 m de large, même en haie taillée). Pour les plantations en quinconce, calculez la largeur totale des arbustes, pas seulement la distance entre les lignes de plantation. Vous vous rendrez compte de cette emprise au sol en la marquant directement sur place, avec des pots vides, un tuyau d'arrosage ou des cordeaux. Vous choisirez ainsi le meilleur style pour votre haie, et pourrez déterminer son emplacement exact.

> Créer une petite rocaille

Aménager des reliefs permet d'avoir davantage de plantes et modifie la perception que l'on a de l'espace. Cela peut être utile dans les jardins exigus ou les petits patios, ainsi que dans les jardins longs et étroits, où un relief sinueux couvert de plantes donnera un autre axe de vue. Avec une levée de terre et quelques grosses pierres, vous constituerez une rocaille de petite taille facile à entretenir. Dans les grands espaces, créez plutôt de véritables niveaux, avec des murets de soutènement, car le poids de la terre peut entraîner des glissements de terrain lors des pluies.

1 Amenez de la terre végétale achetée à l'extérieur ou creusez à un endroit pour prendre la terre et faire une petite levée plus large que haute. Amendez avec un tiers de gravillons. Posez des grosses pierres en bas, puis ramenez la terre derrière pour remplir l'espace libre et caler ainsi les pierres.

2 Sur le haut de la levée de terre, placez de une à trois pierres moins importantes, que vous enfoncerez au tiers dans la terre. Pour créer un effet naturel, elles doivent être de tailles différentes. Arrosez pour stabiliser l'ensemble. Plantez vos touffes de tapissantes en haut et sur les côtés.

La terre d'une rocaille doit rester de texture granuleuse et perméable pour éviter l'asphyxie aux racines. Les plantes de rocaille, plutôt frugales, ne supportent pas les sols lourds. Ajoutez un volume de gravillons pour deux volumes de terre. Sur les chemins et les terrasses plantés, le problème est inverse : il faut enrichir le sol, presque uniquement constitué de sable et de graviers sous les dalles ou les pavés. Ajoutez du compost bien décomposé, avant la plantation, ou du terreau de feuilles à la terre que vous apportez.

> Créer des massifs

Il n'est pas toujours évident d'organiser l'espace et d'associer couleurs, hauteurs et formes en fonction des différents points de vue possibles. Les quelques astuces que vous trouverez ci-dessous vous aideront à disposer les plantes et à connaître le nombre de sujets dont vous aurez besoin. Lisez bien les étiquettes pour connaître l'envergure des plantes adultes, et n'hésitez pas à modifier vos plans pour faire ce qui vous convient réellement.

1 Pour créer un massif, commencez par délimiter son contour avec un tuyau d'arrosage, pour situer son tracé par rapport à la pelouse par exemple. Modifiez jusqu'à ce que vous soyez satisfait.

2 Pour organiser un massif d'annuelles ou de vivaces, délimitez la place que prendra chaque type de plantes avec du gravier fin. Tous les dessins simples sont permis (écailles de poisson, etc.).

3 Les massifs de style sauvage comprenant diverses espèces s'obtiennent en disposant les plantes en ligne sur un rythme chiffré (1-2-3-4-5), et en les décalant sur le rang suivant (4-5-1-2-3).

4 Pour créer un massif d'arbustes, placez les conteneurs sur le terrain. Vous visualiserez mieux l'effet d'ensemble, les distances à respecter entre les plantes et leur envergure future.

> Habiller un muret

Les murets de pierres sèches peuvent eux aussi être habillés de végétaux. Les plantes sauvages aiment particulièrement coloniser ces endroits, et elles le font vite quand certaines conditions sont réunies. Aménagez des interstices remplis de terre et humidifiez-les régulièrement. Si vous ne voulez pas attendre, vous planterez des vivaces peu exigeantes à développement rapide, comme l'érigéron, l'aubriète, le céraiste, l'hélianthème ou la saponaire. Dans les murets humides ou à l'ombre, pensez aux fougères scolopendre et autres petites fougères, qui résistent aux pires conditions et offrent leur vert lumineux toute l'année.

1 Profitez des trous naturels dans les vieux murets ou aménagez des interstices en enlevant quelques pierres. Remplissez avec un mélange de terreau et de terre, arrosez, puis semez (ou plantez) des espèces frugales. Arrosez-les régulièrement pour les aider à s'installer.

2 En installant des plantes au-dessus du muret, dans la terre qu'il retient ou directement dans son épaisseur, vous aurez des cascades fleuries qui apporteront tout de suite un relief intéressant.
Utilisez des plantes de rocaille au système racinaire peu développé.

Les plantes retombantes et tapissantes garnissent rapidement les rocailles. Pour un effet spectaculaire en deux saisons de végétation, n'espacez pas trop vos niveaux et commencez par une petite rocaille, que vous agrandirez peu à peu. Répandez une bonne couche de graviers autour des plantes avant l'hiver pour mettre leur collet à l'abri de l'humidité stagnante. Créer une rocaille est aussi une bonne solution pour remplacer un talus où les plantes ont du mal à se fixer. Modelez deux ou trois niveaux différents en construisant des murets ou avec de grosses pierres. Bien calées, les plantes pousseront plus vite, et la terre ne se ravinera pas.

> Aménager un coin parfumé

Chaleur et air calme sont les deux conditions propices à une bonne diffusion du parfum. Si vous aimez les fleurs parfumées, sachez en profiter en toute plénitude en rassemblant plusieurs espèces odorantes dans des petits coins favorables. Plutôt que de vous pencher en vain, vous pourrez laisser le parfum venir à vous et vous imprégner de sa volupté.

1 Placez, si possible à l'abri du vent, des groupes de plantes parfumées sur le passage menant de la maison au garage ou au portail. Choisissez des espèces pour toutes les saisons, y compris le plein hiver (chimonanthe, viorne).

2 Choisissez un angle de mur ou tout autre endroit abrité exposé sud-est ou sud-ouest. Placez-y un petit banc et plantez sur les côtés et derrière vos fleurs parfumées préférées. Ajoutez dessous des plantes aromatiques.

3 Beaucoup de fleurs (surtout les blanches) dégagent leurs plus puissants effluves le soir, lorsqu'il fait assez chaud. Prévoyez un groupe de ces fleurs dans un coin de la terrasse ou près de la porte-fenêtre du salon, afin de ne pas manquer ce festival.

4 On ne prend pas toujours la peine de se pencher sur les fleurs. Composez des jardinières et des potées que vous placerez sur les rebords de fenêtre ou sur des consoles afin de les avoir à portée de nez à chaque passage.

> Habiller les arbres

Si vous avez de vieux arbres dont vous ne voulez pas vous séparer malgré leur improductivité florale ou fruitière, habillez-les avec d'autres plantes. Ils resteront décoratifs avec des grimpantes à fleurs vigoureuses, comme les clématites et les rosiers lianes. Les arbres au tronc dénudé sur une grande hauteur peuvent aussi bénéficier d'un habillage, soit de fleurs, soit de verdure (de houblon, par exemple). Évitez simplement le lierre qui, à la longue, étouffe son support. Attention avec les arbres morts que vous conservez pour leur aspect sculptural : les branches sèches peuvent se casser sous le poids des grimpantes, et l'ensemble peut devenir un fouillis peu ornemental.

1 Si vous installez des plantes produisant de longs rameaux souples, comme les rosiers lianes et autres grimpantes volubiles, contentez-vous de conduire les jeunes pousses autour du tronc et des premières branches à l'aide de fils ou de tuteurs ; la plante se débrouillera ensuite seule pour progresser.

2 Dans les vieux arbres fruitiers, faites retomber une partie des rameaux des grimpantes vers le sol une fois le tronc couvert : les branches auront ainsi de l'air si elles sont encore en feuilles. Vous pourrez aussi nettoyer la grimpante plus facilement puisque vous repérez mieux le trajet de ses tiges.

Les rosiers lianes qui courent dans les vieux arbres leur redonnent vie au moment de la floraison, mais également lors de la fructification. De plus, chez certaines espèces anciennes et botaniques, comme Rosa longicuspis ou 'Kew Rambler', la fructification reste décorative jusqu'en hiver. Pour profiter de cette multitude de baies colorées, évitez surtout de tailler le rosier après la floraison...

> Composer une haie régulière

Les conifères et les plantes persistantes sont bien mis en valeur dans une haie régulière. Si vous préférez les feuillus, utilisez des espèces à petites feuilles, qui accepteront mieux la taille que les autres. Le charme et le hêtre constituent des haies moyennes et hautes dans les jardins classiques, mais le tilleul est plutôt taillé en rideaux à partir d'une certaine hauteur. Les persistants à feuillage fin seront également plus adaptés à l'utilisation en haie taillée.

1 Si vous voulez échapper à la corvée de taille, la haie de résineux est idéale. Avec des espèces à la silhouette homogène plantées sur une ou deux lignes, vous aurez une belle régularité naturelle. Choisissez par exemple des espèces de thuyas poussant en cône, ou des cyprès de Leyland.

2 La véritable haie taillée se compose de plantes caduques ou persistantes, que vous devrez garder en forme au fil des ans. Les haies de ce type aident à marquer les perspectives dans les grands espaces, mais attention à leur hauteur dans les jardins exigus car elles donnent autant d'ombre qu'un mur.

Les haies basses de bordure sont en général composées de persistants, et font entre 30 cm et 1,2 m de hauteur. Mais cela ne signifie pas qu'elles doivent obligatoirement être vertes. Si vous aimez le gris argenté, plantez de la santoline ou de la lavande. La première se taille juste avant la floraison (pour garder son ton uni), puis une autre fois au début de printemps (pour rester compacte). On peut laisser la seconde fleurir, ce qui ajoute au charme de cette bordure et donne une couleur supplémentaire à la composition. Coupez les hampes défleuries après la floraison, et taillez court au printemps.

> Composer une haie libre

Cette forme de haie convient à merveille pour les grands jardins de campagne et pour les jardins de ville ayant une superficie suffisante entre la rue et la maison. Elle privilégie les arbustes à fleurs et ceux dont la silhouette peut se développer harmonieusement. Quand elle est plantée en quinconce, la haie libre permet d'inclure la clôture au milieu des arbustes, pour la dissimuler.

1 Si vous habitez en ville, veillez à ce que la proportion entre les arbustes soit d'environ un tiers de caducs pour deux tiers de persistants afin de garder de l'intimité en hiver.

2 Appuyée sur une clôture haute, la haie comprend de grands arbustes à l'arrière-plan, puis des moyens et des petits associés à des vivaces si vous plantez sur trois rangs ou plus.

3 Devant un mur de clôture bas, plantez d'abord des arbustes moyens, qui déborderont sur le muret et l'habilleront. Mettez les grands en deuxième ligne, puis continuez par des moyens et petits.

4 La haie champêtre est constituée d'arbres de petite taille ou fins et d'arbustes poussant spontanément dans la région. Nettoyez-la en hiver une fois par an pour préserver la faune.

> Faire un mini-jardin aquatique

Un bassin miniature sur une terrasse ou un balcon, avec ses plantes aquatiques et son bruit d'eau, assure un plaisir incomparable. Il suffit de trouver le bon conteneur et de choisir des plantes flottantes ou des plantes se contentant d'une profondeur d'eau réduite. Placez votre mini-jardin en plein soleil, sachant qu'il faudra alors surveiller de près la prolifération d'algues indésirables. Une toute petite pompe électrique assura les mouvements d'eau.

1 Choisissez un joli pot étanche ou un baquet, en terre cuite vernissée, en matière synthétique ou en bois, assez grand et suffisamment profond. Bouchez l'éventuel trou de drainage.

2 Garnissez de terreau un panier ajouré spécial pour plantes d'eau et placez au bord un rhizome de nénuphar nain, les jeunes pousses orientées vers le centre. Tassez sans recouvrir de terreau.

3 Recouvrez le tout d'un épais lit de graviers et enfoncez doucement le panier dans le bac, préalablement rempli d'eau. Posez quelques briques pour éviter que le panier ne remonte.

4 Complétez le décor avec plusieurs autres plantes, en pot ou flottant à la surface. Une ou plusieurs minuscules pompes permettront de créer de gracieux et attrayants mouvements d'eau.

INDEX DES GESTES

Aménager un coin parfumé	137
Aménager un passage pour l'entretien	133
Apporter compost et engrais	116
Arroser les plantes à fleurs	54
Assurer un bon drainage	56
Avoir une bonne terre	112
Bien arroser les plantes	53
Bien semer	26
Biner et enrichir	114
Bouturer des racines	64
Bouturer facilement	62
Bouturer les arbustes	63
Choisir ses arbustes	126
Combattre les parasites	120
Composer une haie libre	140
Composer une haie régulière	139
Composer une jardinière pour l'ombre	128
Conserver les bulbes	57
Couper les fleurs fanées	34
Créer des massifs	135
Créer une haie brise-vent	132
Créer une petite rocaille	134
Désherber les massifs	36
Dessiner un massif à l'ombre	129
Diviser joubarbes et orpins	66
Diviser les iris	65
Diviser les vivaces	67
Éclaircir les plantes trop serrées	45
Effectuer un traitement préventif	117
Éliminer les petits insectes nuisibles	121
Éviter les courants d'air	50
Éviter les maladies	119
Faire les bonnes associations de plantes pour l'ombre	131
Faire un mini-jardin aquatique	141
Gérer les semis spontanés	46
Habiller les arbres	138
Habiller un muret	136
Habiller une façade exposée au nord	130
Installer des tuteurs	41
Installer une barrière antiracinaire	47
La taille de nettoyage	74
La taille de régénération	75
La taille du coiffeur	76
Le meilleur support pour les grimpantes	42
Limiter l'arrosage	55
Lutter contre limaces et escargots	122
Lutter contre les pucerons	123
Marcotter les plantes souples	71
Multiplier les passiflores	69
Multiplier les bruyères	70
Multiplier les plantes	68
Naturaliser les bulbes	18
Nettoyer à la fin de l'hiver	37
Nettoyer le chèvrefeuille	40
Nettoyer les arbustes	38
Nettoyer les massifs en végétation	39
Nourrir les plantes	115
Pincer et transplanter les pousses	30
Planter dahlias et cannas	22
Planter dans l'eau	21
Planter des arbustes à racines nues	10
Planter des arbustes achetés en conteneur	9
Planter des bulbes dans un pot	15

Planter en ligne	13
Planter en quinconce	14
Planter les lis des Incas	23
Planter les annuelles	8
Planter les grimpantes	16
Planter les haies	17
Planter les iris	24
Planter les vivaces	7
Planter rhododendrons et azalées	25
Planter serré et éclaircir	12
Planter sur un dallage	19
Planter sur un muret	20
Planter des rosiers à racines nues	11
Préparer et améliorer la terre	113
Préparer la plantation	6
Protéger des rigueurs du froid	58
Protéger les plantes du gel	59
Rabattre les vivaces	48
Rabattre lierre et vigne-vierge	49
Réaliser des formes végétales	78
Reconnaître parasites et maladies	118
Régénérer les plantes	77
Régénérer une haie régulière	82
Rempoter les plantes	51
Repérer l'exposition	127
Repiquer les plantes en godets	52
Semer dans les massifs et les bordures	27
Semer en place	28
Semer sous abri	29
Soutenir les plantes hautes	44
Supprimer les gourmands	35
Tailler l'éléagnus	105
Tailler les hortensias	104
Tailler orangers du Mexique et osmanthus	90
Tailler la bignone	92
Tailler les clématites	102
Tailler la glycine	93
Tailler la lavande	94
Tailler la lavatère	95
Tailler le bois mort	79
Tailler chèvrefeuille et jasmin	96
Tailler les cognassiers du Japon	97
Tailler le datura	98
Tailler le lierre	99
Tailler lilas, viorne et seringa	100
Tailler agrumes et camélias	101
Tailler les arbustes à fleurs	80
Tailler les arbustes à floraison printanière	81
Tailler chalefs et sureaux	91
Tailler les haies libres	83
Tailler les haies régulières	84
Tailler les hibiscus	103
Tailler les mahonias	106
Tailler prunus et cerisiers	107
Tailler les rosiers anciens	88
Tailler les rosiers-thé	89
Tailler les vivaces à floraison estivale	85
Tailler les vivaces à floraison printanière	86
Tailler rhododendrons et azalées	109
Tailler weigelias et seringats	108
Tailler des rosiers paysagers	87
Transplanter un arbuste	31
Un bon palissage	43

Crédits photographiques
© Jacques Boulay : pp. 4 ; 32 ; 60 ; 74 ; 110. © OPG : p. 124.

Direction : Stephen Bateman

Direction éditoriale : Pierre-Jean Furet

Responsable éditoriale : Anne la Fay

Conception intérieure : Béatrice Lereclus

Réalisation intérieure : Nord Compo

Conception et réalisation de la couverture : Nicole Dassonville

Fabrication : Amélie Latsch

Dépôt légal : février 2006
ISBN : 2.01.235876.4
23.55.5876.01.0
Achevé d'imprimer chez graficas Estella, en Espagne